Auxiliando a humanidade a encontrar a Verdade

Erg - o décimo planeta

A pré-história espiritual da humanidade

© 2005 – Roger Feraudy

Erg - O Décimo Planeta
A pré-história espiritual da humanidade

Todos os direitos desta edição reservados à
CONHECIMENTO EDITORIAL LTDA
www.edconhecimento.com.br
conhecimento@edconhecimento.com.br
Caixa Postal 404 – CEP 13480-970
Limeira – SP – Fone: 19 3451-5440

Nos termos da lei que resguarda os direitos autorais,
é proibida a reprodução total ou parcial, de qualquer
forma ou por qualquer meio – eletrônico ou mecânico,
inclusive por processos xerográficos, de fotocópia e de
gravação – sem permissão, por escrito, do editor.

Preparação: Florine Nazaré
Revisão: Margareth Rose A. F. Carvalho
Revisão de conteúdo: Mariléa de Castro
Projeto Gráfico: Sérgio Carvalho
Ilustração: Mario Diniz

ISBN 978-85-7618-063-4

• Impresso no Brasil • *Presita en Brazilo*

Produzido no departamento gráfico da
EDITORA DO CONHECIMENTO
e-mail: grafica@edconhecimento.com.br

Dados Internacionais de Catalogação na Publicação (CIP)
(Câmara Brasileira do Livro, SP, Brasil)

Feraudy, Roger 1922-2006
Erg - o Décimo Planeta / Roger Feraudy. – 1ª ed. – Limeira, SP : Editora do Conhecimento, 2005.

ISBN 978-85-7618-063-4

1.Espiritismo 2. Romance brasileiro I. Título II. Série.

05-1859   CDD –133.93

Índice para catálogo sistemático:
1. Romances espíritas : Espiritismo : 133.93

Roger Feraudy
Da Academia Petropolitana de Poesia Raul de Leoni e
Academia Neolatina e Americana de Artes do Rio de Janeiro

ERG - O DÉCIMO PLANETA
A *pré-história espiritual da humanidade*

1ª Edição — 2005

Projeto Terra

EDITORA DO
CONHECIMENTO

Aos engenheiros siderais, maravilhosos seres luminosos de Erg, que, por amor infinito à humanidade terrena, nos doaram a vida, possibilitando assim nossa evolução espiritual, ajoelhado em gratidão e prece, dedico este livro.

A realidade é uma só, mas as verdades sobre ela
são inúmeras.

HYLION

Quando duvidares, abstém-te.

ZOROASTRO

A descoberta de vida em outros planetas vai mudar tudo, filosofia, religião, tudo. E nos tornará mais humildes, pois vamos perceber que não estamos sozinhos e que não somos tão especiais.

MIKE KAPLAN, diretor da NASA.

Não é possível fazer distinção entre qualquer tecnologia avançada e magia.

ARTHUR CLARKE

Sumário

13	Prefácio
17	Preâmbulo
19	Introdução
21	1. Erg
25	2. Os morgs
33	3. Albiom e Thessá
38	4. Um Conselho de Emergência
44	5. Projeto intervenção mental
50	6. Operação Mutação
55	7. A invasão
60	8. Últimas providências
65	9. A Grande Fraternidade Cósmica
67	10. Planeta Vênus
72	11. Os jardineiros cósmicos
76	12. A volta do Inefável
83	13. Expurgo compulsório
89	14. A guerra nos céus
95	15. Lanka
100	16. Nasce um mago
106	17. O Templo da Grande Serpente
111	18. Ynará
117	19. As dinastias divinas
120	20. Na calada da noite
125	21. As grandes migrações

129	22. Uma perigosa missão
133	23. Contato colonizador
138	24. O dilema de Zagreu
142	25. Schua-Y-Am-B'uva
147	26. Os senhores das sombras
151	27. Planejamento frustrado
155	28. Mudanças radicais
159	29. Magia mortal
162	30. Kalami
167	31. Hylion
171	32. As tramas continuam
176	33. Uma amizade eterna
180	34. A princeza Edwina
185	35. Um torneio de magia
188	36. No outro lado da vida
193	37. Novas orientações
198	38. Uma visão do futuro
202	39. A ocupação de Ruta
206	40. A caminho da luz
213	41. Desvedando o veu dos tempos

Prefácio

Quando falamos em pré-história, isto é, em nosso passado ancestral no planeta, nos acostumamos, desde sempre, a pensar no homem de Neanderthal, com seus corpos disformes e rudimentares, vivendo em tribos perdidas e à mercê das intempéries. E se tirarmos do foco das discussões antropólogos e paleontólogos, além de alguns poucos teólogos, despercebidos entre os bilhões de seres que habitam o planeta, nosso pensamento passa ligeiro e distraído sobre as considerações de nossas origens.

O homem contemporâneo, aprisionado numa cultura milenar que o tornou, de forma arbitraria e prepotente, habitante do centro do Universo, não se preocupa de fato em saber quem é, de onde veio, de que forma estaria ligado ao carma planetário e o que lhe reserva o futuro.

O tempo, precioso bem de que dispomos, não costuma ser considerado além de pequenas unidades para frente ou para trás, contadas em meses ou anos e, quando muito, séculos, sendo que estes últimos, geralmente, não nos interessam.

Quando alguém se dispõe a falar na pré-história desta nossa insipiente humanidade, geralmente é ouvido, quando e se isso acontece, com um certo ar de enfado, do tipo: "...que bobagem!".

O tempo contado em milhões ou milhares de anos soa aos nossos ouvidos como algo absolutamente desnecessário de compreensão na luta da vida moderna, ávida de novas conquistas imediatas.

Se nos dispomos ir mais adiante e discutir a origem espiritual do homem terráqueo, associando-a ao inicio da vida em nossa Terra, e muito além dela, pois, obviamente, não há como pensar em vida sem a ela estar ligado uma centelha superior permanente e passível de se submeter às leis de causa e efeito, e muito menos delegar, de forma indiferente, ao acaso, o processo da existência da sua origem primeira, somos cobertos por olhares impacientes.

No imaginário da maioria das pessoas, pensar então na possibilidade da vida ter vindo do espaço sideral, nada mais é que ficção cientifica, e alguém ter proposto um dia que os deuses poderiam mesmo ter sido astronautas, foi apenas um golpe editorial ou história para entretenimento de consumo rápido.

Neste livro extraordinário, Roger Feraudy, decano de academias de artes e poesias, erudito teosofista e possuidor de raro tipo de paranormalidade, desenvolvida arduamente ao longo dos últimos cinqüenta anos, e que o conduz a viagens da consciência através de fendas temporais que lhe permitem revivenciar o passado ou ainda compactuar o conhecimento ancestral com entidades luminosas oriundas de outros orbes planetários, em diferentes estágios evolutivos, nos traz notícias definitivas sobre nossas origens estelares e o destino para nós traçado pelos mestres galácticos, que até hoje velam, amorosamente, por esta inconseqüente humanidade.

Numa trama emocionante, nossa história começa há milhões de anos num planeta de nome Erg, nos primórdios deste mesmo Sistema Solar que nos abriga, quando malévolos habitantes do planeta Morg, desencadeou brutal tentativa de invasão por meio do corpo mental do pacífico povo de Erg.

Seres extraordinariamente evoluídos, com poderes mentais quase que inimagináveis para o homem da Terra atual, que se movimentavam através das dimensões de espaço e tempo sem barreiras. Para se ter uma idéia simplista do estágio de evolução dessas raças, basta dizer, por exemplo, que entre os morgs o corpo mais denso que possuíam era o etérico e os ergs viviam em cidades flutuantes e se reproduziam pela união das mentes.

Por evos sem fim, desde esses tempos imemoriais, travou-se em mundos e dimensões diferentes da nossa, assim como no Astral da Terra, incansáveis embates entre o bem e o mal, dando origem inclusive a muitos dos enunciados bíblicos, como, por exemplo, a Guerra nos Céus.

Na luta por um lugar para a continuidade de suas raças, muitos desses seres vieram, por falta de opção, em diferentes épocas, parar no Astral de nosso planeta. Outros vieram por amor, por ordem dos maiorais sidereos da Grande Federação Galáctica, com a missão de planejar e construir a vida no único planeta capaz, na época, de abrigar vida como a conhecemos, e em todo Sistema Solar: eram os ergs remanescentes das primeiras demandas; os jardineiros cósmicos que tinham como lar e base de suas operações estelares a grande cidade de cristal de Kendom-Sylá, em Vênus.

Muito depois deles, através dos tempos, vieram outros espíritos missionários para trazer a mente ou corpo mental àquele povo em estado ainda animalesco, sem consciência de si próprio, oriundo dos astrais inferiores ou ainda degredados de outros planetas, os quais chamamos hoje de homens das cavernas, reencarnados na primitiva Lemúria, no grande continente de Mú. Eram os venusianos, comandados pelo venerável espírito Sanat Kumara, que ainda hoje continua sendo o espírito de mais alta estirpe na condução de nossa civilização: o Senhor do Mundo.

Mais tarde, outros seres celestiais aportaram na Terra com suas grandes vimanas voadoras para guiar aqueles seres ainda primitivos, muitos ainda empedernidos nos lamaçais da ignorância e do mal, mas já com o discernimento de suas individualidades, o que permitia vôos mais altos para a evolução espiritual na época das últimas raças lemurianas e depois na Atlântida.

Com paciência infinita e amor inabalável, eram os mestres vindos das constelações de Orion, das Plêiades e de Sirius, que voltavam ao planeta tempos incontáveis depois de sua primeira tentativa, para fazer aqui florescer uma grande civilização, desaparecida posteriormente em grande cataclismo em função de seu atraso moral, o que jogou a Terra num isolamento que durou mais de três milhões de anos, e da qual existem incríveis registros paleontológicos.

Grandes lutas, grandes sacrifícios, grandes embates entre os senhores da luz e os das sombras aconteceram, sendo que seus resquícios podem ser sentidos até hoje nas derradeiras tentativas dos magos negros de arrastar os homens para as trevas e para a aniquilação total desta humanidade que ainda se debate em grandes dramas coletivos, frutos de um sistema de crenças de moralidade duvidosa, em que a competição se sobrepõe à cooperação, ao amor e à fraternidade entre os povos e as raças.

Nos caminhos tortuosos que nos trouxeram até aqui, muitas vezes tivemos de desaparecer sob o peso das tormentas e tragédias de todos os tipos, para renascer, a seguir, com a consciência mais leve e os pés mais calejados. Continentes inteiros soçobraram sob o rugir dos ventos furiosos e das explosões dos vulcões, arrastando populações inteiras, enquanto outros se soerguiam do fundo dos mares.

Por quantas mais dramáticas mudanças de sua face precisará passar nosso belo planeta azul até que nós, guardiões que deveríamos ser deste planeta que nos serve de pátria e mãe generosa, espíritos ansiosos e rebeldes, possamos nos aquietar e lançar nossos olhos para o céu e vislumbrar as douradas vimanas que pairam serenas, guiadas por esses luminosos seres que nos enviam, continuamente, seus raios de amor incomensurável, aguardando que seus filhos menores os queiram de volta, como mentores das novas civilizações que estão por vir?

Erg será o lugar para o qual, um dia, na esteira do tempo, muitos de nós voltaremos se não formos antes alijados para globos inferiores, vitimas de nossos próprios desmandos, como já nos aconteceu antes, quando fomos degredados, por vaticínio divino, de nossos lares siderais.

Esta história incrível, que começa exatamente na pré-história de nossas almas, está contada em detalhes extraordinários em mais esta obra de Roger Feraudy; muito mais que um livro é um alerta, e, com certeza, só será completamente compreendido, em toda sua extensão, em décadas de nosso tempo.

Que os mestres da Grande Fraternidade Cósmica possam despertar nossa sonolenta civilização, para que os homens percebam que os tempos... já chegaram!

Campinas, inverno de 2005

Maria Teodora Ribeiro Guimarães
Médica psiquiatra
Presidente da Sociedade Brasileira de Terapia de Vida Passada
Diretora espiritual da Fraternidade do Grande Coração - Aumbandhã

Preâmbulo

"O homem não foi 'criado' como o ser que hoje é, por mais imperfeito que ainda seja. Existiu uma evolução espiritual, uma evolução psíquica, uma evolução intelectual, assim como um desenvolvimento físico, do simples e homogêneo ao complexo e heterogêneo."

Esses conceitos, que fazem parte da Doutrina Secreta, embasam a história de que fui depositário, que os Seres Luminosos me contaram.

Quando recebi esta revelação sobre os ergs e do seu planeta, tive a maior dificuldade em recontá-la. Eram acontecimentos, diálogos, a vivência em seu planeta, seus hábitos, costumes, sua aparência física (quando criavam pelo poder da vontade um organismo denso), o próprio aspecto desse planeta, situado em nosso Sistema Solar, entre Marte e Júpiter (hoje em dia fazendo parte do cinturão de asteróides), sua ciência avançadíssima, os universos paralelos em outras dimensões de consciência, a semeadura de nosso Sistema Solar, que os tornou conhecidos como "jardineiros cósmicos". E a reconstrução dos reinos mineral, vegetal e animal do planeta Terra, pois em decorrência das grandes explosões e aumento das irradiações solares, desapareceu quase que completamente a vida no globo terráqueo, que ficou durante três milhões de anos isolado dos outros orbes, eliminando quase de forma completa a magnífica civilização, criada pelos seres do espaço. Eles tiveram de se retirar para suas moradas de origem, deixando a humanidade entregue ao seu próprio destino, e novamente caiu o homem num estado de barbárie, e a luta pela sobrevivência conduziu o planeta a uma nova pré-historia, restando desse período algumas evidências que citaremos no decorrer desta narrativa.

Quando os seres do espaço puderam voltar, reiniciaram o processo colonizador, ajudados pelos cientistas de Erg, que puderam mais uma vez adaptar as condições terrenas para o crescimento da vida.

Não poderíamos deixar da falar, em se tratando dos ergs, de seus enormes conhecimentos de física quântica, seus deslocamentos no hiperespaço, anulando aquilo que conhecemos como espaço e tempo, e seus conhecimentos sobre engenharia genética — para citar apenas alguns —, concepções que fogem aos nossos parâmetros científicos.

Com a finalidade de tornar a leitura mais fácil, fui obrigado a adaptar conceitos e conhecimentos que fogem ao nosso racional, tentando transpor para a nossa linguagem aquilo que aparentemente dava uma conotação de irrealidade, ou fantasia.

Esta história verídica, quem sabe um dia não será reescrita com mais perfeição, com menos erros, em nossos livros científicos de História do futuro?

Roger Feraudy

Introdução

A primeira vez que vi os Luminosos — assim os denominei por ignorar o que fossem ou sua procedência — foi em uma reunião de estudos de cunho universalista. Eram seis e formavam um semicírculo em torno de nós. Muito altos, esguios, pareciam feitos de cristal transparente, com luz própria; daí o nome que naquela ocasião lhes dei — Seres Luminosos.

Seus rostos eram indefinidos, somente se destacando dois olhos grandes e brilhantes que pareciam emitir uma claridade azulada.

Não disseram uma palavra sequer. Um deles se adiantou, levantando o braço direito, com a mão espalmada, e então ouviu-se uma música suave que parecia sair de seu corpo luminoso.

Meu segundo encontro com esses seres foi dias depois; dessa vez vieram apenas três. Aventurei-me a perguntar o que desejavam.

— Viemos do Universo real— respondeu o que estava um pouco à frente dos outros dois.

— Universo real? — perguntei, sem entender sua resposta.

— Estamos procurando adensar nossas vibrações para poder manter contato — foi tudo o que disse mentalmente, desaparecendo os três em alguns segundos.

O terceiro contato foi em minha residência, tarde da noite. De súbito ele me apareceu e, por telepatia, estabeleceu contato.

— Somos do planeta Colope, situado no centro da galáxia.

Vendo minha surpresa, aquele ser que irradiava luz e som entreparou e, parecendo avaliar as batidas do meu coração, prosseguiu em voz pausada, inaudível, que apenas minha mente podia escutar.

— Antes de migrarmos para Colope, vivíamos no planeta Erg, situado entre Marte e Júpiter, onde hoje há apenas asteróides e um planetóide, que os terrenos denominaram Quiron.

Meu espanto aumentou. Sem me dar tempo para outras perguntas, continuou:

— Nosso planeta, há milhares de séculos atrás, explodiu em mil pedaços após uma hecatombe nuclear provocada pela insanidade de nosso povo. Alguns de nós conseguimos escapar e migramos para o planeta Vênus. Ali, durante idades incontáveis, trabalhamos o corpo mental daquela incipiente humanidade. Finalmente, terminada nossa missão, abandonamos Vênus e nos retiramos para o planeta Colope.

— Por que fui escolhido para conhecer isso tudo?

— Porque a história da destruição de nosso planeta precisa ser conhecida pela humanidade terrestre.

— Ainda não posso entender o real motivo.

— Porque a explosão de Erg afetou toda a estrutura do Sistema Solar.

— Sem querer ser inconveniente, ouso tornar a perguntar: Por que eu? Qual o motivo de receber essas importantes informações?

— No decorrer de toda a narrativa, você saberá por que o escolhemos.

Engoli em seco. Estava muito espantado, e, porque não dizer, apavorado; mesmo assim, reunindo o pouco de coragem que ainda restara, perguntei:

— Com quem tenho o privilégio de falar?

Aquele ser, que transmitia uma onda suave de energia, que me envolvia em vibrações de puro amor, atingiu minha alma. Então, ajoelhei-me a sua frente em postura de prece.

— Levante, meu irmão! — disse ele, pousando sua luminosa mão em minha cabeça. — Eu não tenho mais um nome. Se faz tanta questão, escolha o nome que lhe parecer melhor para designar-me — e diminuindo sua luz, foi desaparecendo lentamente.

1.
Erg

Os últimos raios de um Sol cor de âmbar caíam sobre as edificações feitas de cristal transparente de Kendom-Sylá, a maior e mais importante cidade de todo o império. Erg, um pouco menor que o planeta Terra, era dividido em quatro regiões ou impérios menores. Conhecidos como territórios do norte, do sul, do leste e do oeste, eram dirigidos por governadores subordinados à cidade de Kendom-Sylá.

Hylion, imperador do planeta Erg, situado entre Marte e Júpiter, o décimo planeta no Sistema Solar, encontrava-se entregue aos seus pensamentos, num amplo salão de paredes de cristal amarelo-claro, quando percebeu a presença do grande sacerdote Agazyr, que a poucos passos do imperador, aguardava paciente. Ele era o guardião da grande Lei da Magia Divina, ciência que comandava os destinos de todo o império.

— Senhor — disse o sacerdote, unindo as palmas das mãos em frente ao peito e tocando com o dedo indicador o frontal, em respeitosa saudação —, graves acontecimentos desabaram sobre sua casa — começou sem qualquer preâmbulo.

— Continua — limitou-se a dizer o imperador.

— Dizem respeito a sua filha. É quase uma criança, ainda não tem setenta ciclos de existência.[1]

— Agradeço-te. Sei que és um servidor leal, bem como o grande apreço e carinho que tens para com minha filha.

---

[1] Nota do Autor: setenta ciclos correspondem a setenta anos terrestres, considerados por esse povo pouca idade, pois viviam inúmeros setenta ciclos.

— Se ao menos Albiom estivesse à altura de Thessá...

— Sabes tão bem como eu que o que importa é a moral, os sentimentos altruísticos e espirituais; mesmo sendo seu pai, não me cabe o direito de intervir no seu destino, no seu livre arbítrio. Nossa civilização há séculos superou o estágio inferior de interferir na vontade de nossos semelhantes.

— Mas senhor, insisto, sem querer ser impertinente, que devia trazer até sua presença esse rapaz.

— Para dizer-lhe o que, Agazyr?

— Que essa união é impossível — respondeu sem titubear o cientista-sacerdote.

— Só porque Thessá é filha do imperador e Albiom um mero auxiliar que trabalha com os magos menores da Casa da Magia?

— O motivo não é esse.

— Se não é esse, Agazyr, qual é o impedimento principal, a causa de sua má vontade para com esse rapaz?

— Consultei o grande cientista galático Zukov e...

— O que falou ele? — interrompeu Hylion.

— Consultou os astros e vaticinou uma tragédia.

O imperador permaneceu calado alguns instantes; depois pediu para ficar sozinho, a fim de meditar sobre o assunto.

Os ergs já habitavam esse planeta por idades sem conta. Possuíam grande progresso espiritual, tecnológico e científico. Eram conhecidos na Grande Fraternidade Cósmica como Raça L. Dominavam amplamente o espaço e o tempo, e eram sérios candidatos a, num futuro próximo, serem ungidos pelos espíritos solares, que governavam toda a Galáxia, como membros do Universo Teta, o Universo pensamento, o Universo real. O planeta Erg foi da maior importância nos primórdios do Sistema Solar.

A Grande Federação Galática, que supervisionava a evolução de todos os sistemas solares, de todos os esquemas de evolução de nossa galáxia, outorgou aos espíritos solares, que alguns denominam engenheiros siderais, a missão de construir e planejar a vida em todos os planetas do Sistema Solar. A Erg, o mais antigo e adiantado, coube o trabalho da semeadura dos demais planetas. Sua humanidade altamente evoluída propiciou as condições para a proliferação da vida em todos os seus reinos. O povo de Erg, denominado "jardineiros cósmicos", plantou as sementes das condições favoráveis à colheita e tornou possível aos sete reinos de manifestação cósmica fazerem sua evolução obedecendo ao plano geral dos senhores galáticos.

No planeta Terra, ainda em formação, os ergs modificaram sua estrutura mineral, iniciando no incipiente reino vegetal o fenômeno da fotossíntese, imprescindível ao surgimento do reino animal. No planeta Vênus aumentaram a densidade da camada de ozônio, modificando a atmosfera e criando uma espessa capa protetora, a fim de atenuar o Sol abrasador que impedia que a vida se manifestasse.

Esses jardineiros cósmicos foram imprescindíveis para nosso Sistema Solar; sem eles, a maioria dos planetas ainda estaria deserta, sem abrigar esse milagre da Criação, a vida.

Os ergs mantinham seu vigor físico, durante idades incontáveis, renovando sua energia vital, mediante a polarização com seu aspecto feminino. Suas formas, criadas pelo poder da vontade e da mente, eram humanóides. Tinham três metros de altura, e, por causa da irradiação de sua corrente vital, pareciam luminosos, com uma aparência de cristal. Suas vestes eram fosforescentes, aderente a seus corpos esguios, e homens e mulheres se trajavam da mesma maneira.

Procriavam pelo poder da vontade e da mente. Duas vezes por ano, durante doze horas consecutivas, permaneciam unidos nos corpos físico, astral e mental com sua contraparte feminina, sua alma gêmea, o que lhes propiciava um êxtase extrafísico que durava, com breves intervalos, todo o tempo dessa união. Seis meses após essa conjunção de almas, nascia um novo ser, com sua função na comunidade já determinada. Todo nascimento, portanto, era previsto, projetado conforme a necessidade ou utilidade que teria nessa adiantada civilização.

Aquilo que chamamos de morte não existia para os ergs. Quando a energia vital de seu corpo físico terminava, de forma lenta, gradual, aqueles egos preparavam-se para passar a outro plano. Como não conheciam doenças, seus corpos desgastavam-se aos poucos; em pleno estado de consciência se desvencilhavam de seus corpos etéricos e astrais, como quem

Erg - O Décimo Planeta

23

tira um pesado casaco. Logo após passavam para o plano astral, percorrendo seus sete subplanos, para finalmente atingir o plano mental.

Nas cidades de Erg, as construções eram todas de cristal para seus ocupantes poderem absorver os raios solares, e flutuavam a poucos metros do chão, podendo, segundo a necessidade de seus habitantes, mudar de lugar no espaço.

Podiam, usando suas próprias vibrações, alterar o *continuum* espaço-tempo e deslocar seu corpo físico de um local para o outro; mas como gastavam nesse processo muita energia, preciosa para manter suas estruturas densas, utilizavam engenhos voadores de vários formatos e tamanhos. Havia os individuais e também enormes aparelhos, capazes de transportar mais de trezentas pessoas em viagens por todo o Sistema Solar, ou outros orbes da galáxia.

Outro método para viajar fora do corpo físico era o gigantesco disco solar de ouro. Este era guardado zelosamente em Kendom-Sylá, num templo da luz divina, dirigido pelo grande sacerdote cientista Agazyr. Em frente ao disco, suspenso no ar por cordões de ouro puro, brilhava sobre um altar de cristal cor violeta a eterna luz branca cristalina, a divina luz ilimitada da Criação.

Nos rituais praticados no templo pelo sacerdote Agazyr, o disco era utilizado como objeto de adoração e identificação com os poderes supremos. Servia também como ponto de concentração para aqueles que ali meditavam, e representava o Sol central, o Sol cósmico, o grande criador.

Como instrumento científico, era utilizado em conexão com um complexo sistema de espelhos de ouro puro, refletores e lentes, para produzir as mais diferentes curas, que consistiam em recuperar o equilíbrio com a grande Lei. Sua função mais importante era manter um ponto focal para a concentração da qualidade dimensional. Àqueles que desejavam se deslocar de um local para outro, bastava se colocarem frente ao disco solar e, harmonizando-se com suas vibrações, mentalizarem o lugar aonde desejavam ir, para imediatamente viajarem, anulando o espaço, por maior que fosse a distância.

Quando golpeado, o disco solar de ouro emitia vibrações

capazes de produzir terremotos e alterações climáticas, desde simples chuvas a trombas d'água.

O disco solar era feito de um ouro que havia sofrido transformações alquímicas, tornando-se translúcido. Grandes conhecedores das leis da natureza, os ergs podiam manipular os elementos, modificando sua estrutura intrínseca. Sabiam manejar as sete forças solares, das quais conhecemos apenas três, podendo transmutar uma nas outras. Dessa ciência, que hoje conhecemos como ciência dos *tattwas*,[2] que podia mudar uma estrutura física em outra, os atlantes, séculos depois, desenvolveram a poderosa força do *vril*.

Hylion foi interrompido em sua meditação pela entrada intempestiva da filha, Thessá.

— Pai, paizinho! — dizia, quase gritando — o senhor deu alguma ordem àquele intrometido Agazyr?

— O quê? — perguntou Hylion, espantado com a entrada da moça.

— Deu alguma ordem, pai?

— Que ordem, filha?

— Impedindo a entrada de Albiom aqui no palácio!

O imperador custou a responder e, encarando sua filha, que o enfrentava em atitude desafiadora, disse apenas, sem alterar o tom de voz:

— Não, filha, não dei ordem alguma.

2.
Os morgs

O comandante Rana dirigiu sua nave em forma de prato em direção ao buraco branco justaposto ao buraco negro, percorrendo em minutos o corredor dimensional, verdadeira auto-estrada sem obstáculos, corredor do espaço-tempo. Logo chegou ao universo paralelo ao seu, vencendo a aparente e intransponível barreira psicobiofísica.

A opináutica, termo por nós empregado para designar a

---

2 *Tattuas* — Ondulação vibratória resultante da atuação da energia cósmica (prana), no interior do sistema atômico, em uma das sete vibrações sutis. Ver *Umbanda, essa desconhecida*, de Roger Feraudy, **EDITORA DO CONHECIMENTO**.

técnica das viagens intergaláticas nos corredores dimensionais de espaço-tempo, já era dominada há séculos pelos morgs, raça altamente evoluída sob o aspecto científico, que habitava um planeta de pequenas dimensões, cuja órbita era em torno de um Sol duplo.

Haviam atingido o ápice de sua civilização, quando verificaram que seu planeta começava a dar sinais do começo daq exaustão de sua energia vital, significando o fim para aquela raça. Os morgs, orgulhosos de seu poder quase ilimitado, consideravam-se deuses onipotentes a quem tudo era permitido, e começaram a procurar um novo planeta para migrarem e continuarem seu esplendoroso progresso.

Depois de terem explorado toda a sua galáxia, começaram a visitar o universo paralelo ao seu, concluindo que somente o planeta Erg, situado no mesmo espaço de Morg, mas em outra dimensão, ofereceria condições adequadas e ideais para uma ocupação. Começaram, então, a enviar naves não tripuladas para esse hiperespaço, monitoradas de seu planeta, invisíveis para os habitantes de Erg, mapeando e esgotando tudo o que dizia respeito àquele astro.

A nave do comandante Rana, com seus três ocupantes, era a primeira, depois de alguns anos de cuidadosa exploração, que chegava com tripulação em Erg.

Há longos séculos os morgs não possuíam mais um corpo físico; seu veículo mais denso era o corpo etérico, que adensavam de acordo com sua vontade. Este corpo não tinha forma definida; era visualizado como um ovóide de luz, diferenciado em cada ser por gradações de cor que abrangiam todas as tonalidades do espectro. Esses ovóides podiam ser modificados, e empregando toda sua energia, modelavam-nos segundo sua vontade, criando formas humanóides variáveis.

Alguns seres dessa raça costumavam se unir uns aos outros, no máximo em número de doze, formando um só enorme corpo ovóide de luz, procedimento incompreensível para nós, que somente podemos imaginar como sendo uma forma de conservar a energia vital, ou talvez de prolongar o que chamamos de vida consciente.

O comandante Rana, cientista navegador, classe privilegiada de Morg, possuía carta branca de seu imperador, para agir como lhe aprouvesse nessa incursão pelo planeta Erg.

— Podemos concluir, depois desse mapeamento completo com imagens em três dimensões, o relatório para ser entregue ao Inefável — disse Rana, olhando o painel da nave, sem reparar em Oleg, seu imediato no comando, que observava, indiferente, o que se descortinava lá fora, pela janela redonda.

Ambos apresentavam uma forma quase humana, enquanto o terceiro tripulante ainda conservava a aparência de um ovóide de coloração alaranjada.

— Vamos pousar? — perguntou Oleg, fitando seu comandante.

— Creio não ser necessário. Já tenho todos os dados de que precisamos. As ordens do Inefável foram para obter o máximo de imagens de todo o planeta e imediatamente voltar para Morg.

— Será que ainda demora a grande invasão? — disse Oleg, sentando-se ao lado de Rana, em frente ao painel de comando da nave.

— O Inefável é quem decide — respondeu Rana, observando as imagens na tela, que mudavam a todo instante.

O terceiro homem, nesse instante, criou uma forma, bem parecida com a dos outros dois e veio se reunir a eles.

— A invasão não era para ser imediatamente?

— Não, Atyr — disse Rana — o Inefável apenas me adiantou que faríamos uma conquista, uma invasão progressiva, que levaria alguns tempos aparentes.

— Tempos aparentes! — exclamou Oleg.

— Aparentes, sim!

Atyr falou, entre afirmando e perguntando:

— Afinal ninguém aqui desconhece o conceito de tempo...

— É verdade. Nós eliminamos o tempo de nossos cálculos, porém devemos trabalhar, quando saímos de Morg, com o chamado tempo aparente que existe lá fora — e indicou o monitor que mostrava imagens do planeta Erg.

Para os morgs, a noção do tempo como uma flecha que caminha do presente para o futuro, ou para o passado não existia. Eles haviam eliminado não só o tempo, como também o espaço.

— Fixe as imagens no visor, Oleg, vamos levá-las para o Inefável. Ele, melhor que ninguém, poderá avaliar e saberá qual a próxima decisão a ser tomada.

O comandante Rana, ligando uma alavanca abaixo do painel de comando, colocou sua nave em segundos no hiperespaço, e em questão de minutos, contados em tempo terrestre, pousou em Morg.

Rana foi introduzido no enorme salão de audiências, onde o Inefável, como era designado o imperador Rakasha, realizava reuniões sobre assuntos os mais relevantes, de importância máxima, com os cientistas do seu império.

Ao redor de uma mesa oval de alabastro luminoso, cinco cientistas, os mais eminentes do planeta, sentados em poltronas de cristal transparente, que pareciam flutuar, esperavam a chegada do comandante Rana.

— Salve, Inefável! Senhor da vida imortal! — saudou o comandante, curvando-se reverente.

— Salve, Rana! — respondeu, inclinando ligeiramente a cabeça — penso que já conheces todos aqui. Senta, comandante, — disse, indicando uma das poltronas vagas.

Os outros cinco cientistas acenaram de forma amistosa para Rana, que sentou-se à frente do seu superior.

O Inefável apresentava-se em um corpo humanóide. Alto, cabelos louros, ondulados, que desciam até a altura dos ombros largos, boca rasgada de lábios finos, rosto alongado, nariz aquilino e olhos muito azuis. Trajava uma túnica de tecido parecido com seda, brilhante, de cor roxa, que descia em pregas largas até a altura das canelas, cobertas por botas amarelas. Os outros cientistas tinham quase a mesma aparência e vestiam-se da mesma maneira que o Inefável, copiando em minúcias seus gestos e atitudes, e modo de se trajar.

— Trouxe, senhores, as últimas imagens do planeta que estamos investigando — disse Rana, dando início às discussões, e tirando de uma pequena sacola prateada um canudo de metal brilhante.

Pressionou um botão vermelho situado em um dos lados do canudo e imediatamente, apareceram várias cenas em três dimensões, em pleno ar, mostrando, nos mínimos detalhes, o planeta Erg, seguidas com interesse por todos.

Quando terminou a apresentação das imagens, o Inefável, que a tudo assistira sem dar uma palavra, no que foi imitado pelos outros cientistas, disse, na sua voz metálica de acentos graves:

— Quero — determinou, esquadrinhando a fisionomia de todos, com seu olhar penetrante — que todos dêem sua opinião sobre qual a melhor maneira de começarmos a Operação Erg.

Todos se manifestaram, inclusive o comandante Rana, mas o Inefável permaneceu calado durante toda a discussão. Ao final de quase duas horas, medidas em tempo terrestre, declarou sua opinião:

— Ouvi com bastante atenção as diferentes idéias dos senhores, que me ajudaram a chegar a uma conclusão — e fez uma pequena pausa.

— Aguardamos ansiosos suas determinações, Senhor da vida imortal! — aventurou-se a dizer um dos cientistas, diante do silêncio momentâneo.

— As sábias opiniões de todos foram altamente proveitosas e concordam com os conceitos dos Senhores da Magia, os eminentes magos dos conhecimentos cósmicos, que foram por mim consultados. Foram eles que pela primeira vez me falaram sobre os universos paralelos ao nosso, separados pelo hiperespaço e dimensões alteradas; devo-lhes a descoberta desse planeta de grande interesse para nossa sobrevivência, pois já verificamos não existir em nosso Sistema Solar outro astro propício para prosseguirmos nossa evolução. Como todos sabem, Morg aos poucos vai esgotando sua energia vital, perdendo as condições necessárias à manutenção da vida. Torna-se urgente nossa migração para ocupar de um globo que possua planos etéricos e astrais análogos aos nossos, para que nossa raça e nossa civilização não sejam aniquiladas, após termos atingido o estágio de senhores absolutos de nossa galáxia.

O Inefável fez outra pequena pausa, e verificando não haver qualquer aparte, prosseguiu:

— Estando decidido que devemos abandonar nosso planeta, o que já vem sendo debatido com os mais importantes segmentos de nossa civilização, é chegado o momento de deliberarmos sobre os ajustes finais desse projeto.

Um importante cientista, Godar, tomou a palavra:

— Estudei detidamente o assunto, depois de consultar meus cálculos e os mais eminentes magos da Casa da Magia, e cheguei às conclusões que desejo expor.

— Pois diga — autorizou o Inefável.

— Creio que a evacuação de Morg deva ser realizada gradativamente, por etapas.

— Concordo! — e o Inefável correu os olhos pela assistência.

— É o meu ponto de vista — disse Rana.

Embora o Inefável soubesse que seria sempre sua a última palavra, procurava ser condescendente, deixando que todos aqueles cientistas, os mais notáveis em todo o império, dessem sua contribuição.

— Ouçam todos! — exclamou o Inefável — o planeta Erg já foi estudado e analisado por todos nós e...

— Perdão por interromper, senhor — aparteou Godar — mas creio que falo por todos. Este assunto já foi por demais examinado em várias reuniões. Acredito mesmo que esgotamos todos os ângulos do projeto. Desse modo, grande Inefável, senhor da vida imortal, queríamos ouvir suas determinações finais sem mais discussões.

Todos aprovaram com um gesto de cabeça. Então o Inefável, altivo, sem descer de seu pedestal de arrogância, começou a expor todo o planejamento para a ocupação de Erg.

— Não tenho a menor dúvida sobre essa migração. Posso assegurar a todos que o domínio, a conquista pela força, cedo ou tarde redundam em fracasso. Por essa razão, devemos efetuar uma ocupação paulatina; se a executarmos em massa, aparecendo como conquistadores, subjugando com nossa tecnologia o povo de Erg, não teremos, estou certo, o menor sucesso.

— Como assim, Inefável? — perguntou o comandante Rana.

— Ocuparemos o planeta Erg de forma invisível — foi a enigmática resposta do imperador.

— Não entendo — disse Godar, acompanhado por todos.

— É muito simples! Não apareceremos, nem demonstraremos força de conquista, não exibiremos nossos engenhos voadores, tampouco os subjugaremos pelo medo ou por meio de nossa elevada ciência. Sempre que uma civilização muito adiantada entra em contato com outra mais atrasada, os resultados são desastrosos.

— Ainda não consigo entender; o que o Inefável quer dizer? — perguntou Thamar, um cientista navegador da região Sul.

— Repito que é muito simples — disse o Inefável, um sorriso superior nos lábios finos. — Vamos ocupar o corpo mental desses povos. Assim não seremos nós que agimos, comandamos, ou melhor, conquistamos. Eles próprios passarão a agir, por nossa vontade, nossa sabedoria e nossa atividade. Nem precisaremos gastar nossa energia vital para criar uma forma, um corpo de expressão, tomaremos os que já existem, meros autômatos, obedientes e passivos — terminou o Inefável, impávido de orgulho.

— Genial!— exclamou entusiasmado Rana, no que foi acompanhado por todos.

Quando a seleta assembléia terminou os louvores e elogios ao seu dirigente máximo, Godar perguntou:

— Quando daremos início a essa operação, ó Inefável, senhor da vida imortal?

— Senhores, vamos por etapas — dignou-se a responder o Inefável. — Faremos uma incursão experimental, usando dois ou três ergs para ser por nós invadidos. Depois, estudaremos os resultados.

— Quando o Inefável deseja que comecemos? — perguntou Rana.

— Imediatamente! Escolha dois comandados de sua inteira confiança e comece a invasão das mentes.

O Inefável levantou um braço e, como num passe de mágica, todos ali presentes e tudo o que compunha o ambiente da reunião desapareceu no ar.

❅ ❅ ❅

Erg - O Décimo Planeta

Hylion examinava um planisfério, que mostrava nos mínimos detalhes a fisionomia geográfica de todo o planeta, que era projetado no ar, por um tubo de luz. Localizou, movimentando um cristal esverdeado por em cima da projeção, destacando-a, uma região montanhosa ao norte de Erg, onde vivia uma raça que ainda possuía corpo físico denso. Eram seres embrutecidos meio animais, que eram protegidos pelos cientistas biólogos.

Eram esses seres, os thugs, de aparência simiesca, corpos cobertos de pêlos, linguagem rudimentar composta quase somente por vogais; em sua maioria habitavam cavernas ou perambulavam pelas montanhas, lutando entre si por alimento ou pela conquista das fêmeas.

Hylion foi interrompido em suas observações pela chegada do grande sacerdote Agazyr.

— Mestre, imperador — saudou atropeladamente — o motivo que me traz a sua presença é muito grave e requer providências urgentes.

— Fala, Agazyr! — disse Hylion, conformado com a interrupção inesperada.

— Venho notando há algum tempo fatos muito estranhos em meu templo...

— Estranhos? — interrompeu o imperador — O que chamas de estranhos?

— Senhor, nosso povo, há muitos séculos, venceu o individualismo e vive em perfeita harmonia com seu semelhante, com toda a Natureza, jamais estimulando o egoísmo. O que é de um é de todos, o que é de todos é de cada um. Esta é nossa filosofia de vida.

— Mas não foi para me dizer do nosso modelo ético que vieste a minha presença — disse Hylion, depois de escutar com paciência o sacerdote. — Afinal, o que notaste de esquisito?

— Venho observando uma mudança de comportamento no meu sacerdote auxiliar.

— Que mudança, Agazyr?

— Ele vem molestando os outros sacerdotes do templo.

— Como?

— Insultando com palavras, e dias atrás agrediu fisicamente um outro sacerdote!

— Agressão física?

Hylion estava espantado, pois tais acontecimentos há séculos não ocorriam naquele planeta.

— Sim, meu imperador, mas não é só isso...

— Há mais? — Hylion agora estava realmente assombrado.

— Esse sacerdote auxiliar tem tomado atitudes de grande soberba; demonstra um orgulho desmedido, faz questão de humilhar a todo momento seus companheiros de sacerdócio. Afirma em alto e bom som que somente ele possui os conhecimentos espirituais e científicos, colocando-se acima das regras e deveres do templo.

— Tem contestado sua autoridade?

— Não, meu senhor.

— É de fato muito estranho.

Hylion, depois de algum tempo, pensativo, perguntou:

— Que medidas adotaste?

— Nenhuma, queria primeiro consultar meu imperador, para então saber que medidas devo tomar.

— Isso realmente é muito grave e contraria tudo aquilo que somos, diante da vida e dos nossos semelhantes. Deves adotar medidas rigorosas e urgentes...

Foi interrompido de modo abrupto pelo Ministro da Justiça, que ofegante, entrou na sala, ignorando qualquer etiqueta.

— Senhor, perdoe minha entrada intempestiva, mas ocorreu um fato gravíssimo no Palácio da Justiça.

— Outro? — exclamou Hylion.

— Esta manhã houve um crime de morte no vestíbulo do palácio. Um horror! O cientista engenheiro, consultor para assuntos cósmicos, assassinou a sangue frio meu primeiro secretário.

3.
Albiom e Thessá

— Estamos perdendo o controle sobre os thugs! — disse o administrador da região Norte de Erg para seu auxiliar Vanobi, referindo-se aos primatas que viviam naquelas montanhas.

— O que está acontecendo, Ulair? — perguntou Vanobi.

— Não sei. O que pude constatar foi que os thugs parecem raciocinar, tomam decisões, coisa que há pouco tempo atrás não acontecia. Eram um rebanho amorfo, sem chefia, agrupados segundo seus instintos.

— Todos apresentam essa....essa anomalia?

— Felizmente apenas alguns, mas isso é perigoso, pois sabemos que poucos podem subverter muitos.

— Que fazer, Ulair?

— Vou falar com o Ministro Conselheiro. Não quero tomar medidas precipitadas

— É o certo — disse Vanobi, pensativo.

❉ ❉ ❉

Albiom tomou as mãos de Thessá entre as suas, e olhando-anos olhos, perguntou:

— Achas justo, Thessá, nos privarem de nosso amor? Proibirem que me una a minha alma gêmea?

— Não, amor, não acho, mas que podemos fazer? — perguntou a jovem, chorosa.

— Não sei, alguma coisa! Fugir, quem sabe?

— Fugir! Desobedecer e contrariar a Lei? Não podemos fazer isso!

— Podemos e devemos, meu amor; ou preferes que nos separem de modo definitivo?

— Não, não! Não suportaria!

— Então, Thessá, vamos tomar logo uma decisão.

— Mas contrariar a Lei?

— O que é a Lei? — e o próprio Albiom respondeu: — Uma regra arbitrária que eles criaram e serve para nos subjugar, contrariando o amor, que deveria ser maior de todas as leis.

— Não sei, meu amor. Não conhecemos ninguém que tenha desobedecido à Lei. E ela diz que se apenas uma pessoa, um ser de toda nossa coletividade infringi-la, o resultado será funesto para todos.

— Acreditas nisso realmente?

— Acredito.

— Então Thessá, deves escolher entre o meu amor, ou melhor, o nosso amor, e essa despótica Lei.

— Não digas isso, Albiom! — e começou a chorar, coisa raríssima naquele povo.

O rapaz, comovido tomou Thessá nos braços, cobrindo-a de carinhos.

— Calma, meu amor! — sussurrou — Calma! Pronto! Não falemos mais nesse assunto.

— Eu te amo tanto, Albiom!

— Eu também, amor. Por esse motivo propus que fugíssemos.

— Fugir para onde?

— Para a região Sul — respondeu Albiom, quase sem pensar.

— Não quero nem pensar numa coisa dessas — disse Thessá, tapando os ouvidos.

— Tu não me amas mais?

— Amo muito, e por essa razão não posso concordar com uma loucura dessas, que nos destruiria.

— Estou desesperado, Thessá!

— Calma, meu amor. Eu vou tentar dissuadir meu pai.

— O imperador poderia aprovar nossa união, e não ficaríamos sofrendo tanto assim.

— Sossega, que vou falar com ele.

— Quando, meu amor?

— O mais breve possível — respondeu Thessá, beijando-o com carinho.

— Vou juntar o que resta da minha paciência e esperar. Não me resta outra coisa a fazer.

Albiom beijou-a e deixou sua namorada no pequeno bosque situado nos fundos do palácio do imperador, onde sempre se encontravam às escondidas.

Thessá era uma jovem muito bonita. Alta, de corpo perfeito, bastante luminoso, com reflexos prateados que pareciam formar um halo em volta de sua cabeça de cabelos claros, ondulados, mais brilhantes ainda, emoldurando um rosto oval, onde se viam dois olhos azuis que cintilavam, quais gemas preciosas, duas límpidas safiras naquele rosto angelical.

Albiom era um pouco mais baixo que Thessá. Seu corpo não tinha o mesmo brilho; um pouco opaco, não refletia muita

Erg - O Décimo Planeta

35

luz, mas era bem proporcionado e no rosto com cabelos translúcidos, os olhos escuros e penetrantes demonstravam determinação e um resquício de orgulho na postura altiva.

Thessá deixou-se ficar sentada no banco do bosque e no seu belo rosto cristalino havia uma ruga de preocupação.

❀ ❀ ❀

Ug friccionou com as mãos calosas a cabeça hirsuta, que doía de tanto pensar; havia idéias obscuras e limitadas ao extremo, naquele ser embrutecido. Depois que Zug tomara, usando a força bruta, a chefia daquele pequeno clã, composto de quatro fêmeas e três machos, Ug não tivera mais sossego. Teve que ceder as fêmeas para Zug e se encolher num canto da caverna que lhes servia de abrigo, para não ser trucidado pelo novo chefe.

Aproveitando a ausência momentânea de Zug, o antigo chefe, agora confuso e submisso, dirigiu-se no seu linguajar limitado a Za, há pouco tempo uma de suas mulheres:

— Quem ele pensa que é?

— Quem agora manda — respondeu Za, e ignorando seu antigo dono, retirou-se para os fundos da caverna.

Ug coçou novamente a cabeça com força, como se quisesse aclarar as idéias, cada vez mais confusas, e pensou:

"Por que os deuses me abandonaram?"

Os deuses a que Ug se referia eram os sacerdotes cientistas de Erg que os protegiam e orientavam, que haviam lhes ensinado o uso do fogo, a fabricar armas rudimentares, a se proteger do frio com roupas, a cozinhar os alimentos, e um sem número de pequenos progressos, para aquelas vidas rudes e selvagens. Para eles, esses sacerdotes que apareciam e desapareciam eram deuses que veneravam e temiam, e que agora, de forma inexplicável, haviam sumido.

O fato é que em diversos pontos do planeta fatos incomuns estavam acontecendo. Discussões, brigas, conflitos, coisas nunca vistas em Erg, agora eclodiam em várias regiões, para incredulidade do imperador Hylion, que de tudo tomava conhecimento, pois o planeta era interligado por comunicações que de imediato chegavam ao seu palácio.

Esses acontecimentos inusitados, provocados pelos morgs, que já haviam começado a invasão das mentes dos habitantes de Erg, ocasionaram o desaparecimento dos sacerdotes cientistas das terras dos Thugs, agora envolvidos inteiramente com problemas que não sabiam como resolver.

Ug continuava a pensar, sem entender o que acontecera com sua vida, que de um momento para o outro desabara; de chefe do clã passara a simples subordinado de Zug. Tentou aproximar-se de uma fêmea, mas foi repelido com um rosnado e presas salientes num arreganho. Recuou amedrontado e aos tropeções saiu da caverna, dirigindo-se às matas, abundantes naquela região. Seu crânio doía, ele o apertava com as duas mãos, sacudindo-o de um lado para o outro, como se quisesse apagar da memória os últimos acontecimentos, que de uma hora para outra o haviam tornado tão infeliz. Sem reparar onde pisava, esmagando galhos com os pés enormes, dando rugidos apavorantes, caminhou sem parar até a completa exaustão. Chegou, no limite de suas forças, a uma pequena clareira, cortada ao meio por um córrego de águas límpidas. Ali se dessedentou, e ficou descansando, as costas apoiadas no tronco de uma árvore.

Não tinha a menor noção do que fazer e seu raciocínio limitado ia de um lugar onde encontrasse alimento a algumas fêmeas para se acasalar. Nada além disso cabia naquele cérebro primitivo. Um ruído de galhos quebrados colocou de imediato Ug em guarda e levantou-se num pulo. Bem à sua frente apareceram duas figuras luminosas, que ao vê-lo pararam.

— Os deuses voltaram! Os deuses voltaram! — exclamou Ug na maior excitação, estirando-se no chão ao comprido, sem levantar a cabeça, em sinal de respeito supersticioso, temendo encarar os deuses que haviam retornado.

Albiom e Thessá, os deuses de Ug, entre surpresos e curiosos, ficaram olhando para aquele homem primitivo, prosternado no chão.

4.
Um Conselho de Emergência

Erg - O Décimo Planeta

— Reuni esse Conselho porque o momento é delicado — disse Hylion, abrindo os debates. — Teremos que tomar decisões importantes para o nosso povo e nosso planeta, que todos amamos.

Aquele Conselho fora convocado às pressas e nele achava-se presente a cúpula de Erg: os governadores das quatro regiões do império, o grande sacerdote cientista Agazyr, o grande mago cientista Zukov e os magos astrólogos da Casa da Magia, os ministros dos sete palácios ministeriais, os administradores das quatro regiões e seus secretários e o comandante das Armas com seus sete oficiais principais.

— Temos que deliberar com bastante cuidado tudo o que faremos, de imediato; não podemos perder tempo — continuou o imperador. — Por favor, Agazyr, faça um breve histórico da situação atual.

O grande sacerdote levantou-se, e medindo bem as palavras, voz pausada, começou:

— Um grande perigo ameaça nosso planeta e como conseqüência nosso povo, nossa civilização.

Um murmúrio surdo percorreu a assembléia; Agazyr prosseguiu:

— Meu ministro astrólogo demonstrou que existe um universo paralelo ao nosso, em outra dimensão, e nesse universo existe vida inteligente.

— Como é possível? — perguntou incrédulo o comandante das Armas.

— Perfeitamente possível — respondeu Hylion, enquanto algumas vozes se pronunciavam, com expressões de espanto e de incredulidade.

Agazyr não se perturbou e continuou seu relato:

— Pelo levantamento executado pela Casa da Astrologia, ficamos sabendo que existe um planeta chamado Morg, que apresenta avançado estágio de exaustão de sua energia vital, o que o tornará impróprio à vida. Agora o mais importante — Agazyr fez uma pausa, observando o semblante de todos; alguns mudos mas interessados, outros visivelmente inquietos, e retomou a exposição:

— O mais importante e mais perigoso para nós, é que essa civilização pode entrar em nosso Universo.

— Podem existir entradas para outros universos? — perguntou o comandante das Armas.

— Sim, comandante, existem passagens entre universos paralelos.

O murmúrio aumentou e todos falavam ao mesmo tempo.

— Calma, senhores, silêncio! Irei elucidar toda essa controvérsia — disse o imperador — Todas as perguntas serão respondidas.

Quando se restabeleceu o silêncio e a ordem na assembléia, Agazyr prosseguiu:

— Esse povo, os morgs, pode, através do corredor dimensional que existe entre os buracos brancos e os negros, passar de um universo para o outro, vencendo o que julgávamos intransponível, a barreira psicobiofísica. Para cada buraco negro, composto de matéria, existe acoplado um buraco branco de antimatéria; entre os dois existe esse corredor dimensional, verdadeira estrada que eles percorrem de um universo ao outro. Esses enormes campos gravitacionais podem também inverter o fluxo daquilo que conhecemos como tempo, e se uma de nossas naves pudesse viajar em um buraco negro estaria se desloc ando em direção ao passado ou ao futuro.

Uma exclamação de estupor se ouviu por toda a assembléia; Agazyr, ignorando essas manifestações, olhou de forma interrogativa para o imperador Hylion, que com um gesto de cabeça o estimulou a prosseguir.

— Pelo que conhecemos até agora, nosso planeta é o único de todo o Sistema Solar que apresenta condições de abrigar vida; logo, estamos vulneráveis e poderemos ser invadidos, ou pior ainda, destruídos completamente. Existe outra razão para temermos ser atacados: estamos situados exatamente na dobra do espaço que coincide com o planeta Morg. Meu imperador é da mesma opinião. Só temos duas opções no momento.

— Quais seriam? — perguntou, depois de um período de silêncio, o diretor do Ministério de Biologia Genética.

— A primeira opção é resistir, o que seria problemático diante de um inimigo que pouco conhecemos. A segunda opção

Erg - O Décimo Planeta

é abandonarmos o planeta.

As discussões se tornaram acaloradas, todos falavam num vozerio ensurdecedor, que a custo cessou depois de várias solicitações de Hylion, de que todos ouvissem com paciência o que Agazyr ainda tinha para relatar.

— Depois analisaremos todos os ângulos do problema, após o sacerdote Agazyr terminar o que tem a dizer.

— O problema, senhores, é com o que e de que maneira resistir! Dirão alguns: "temos energia nuclear, podemos usá-la". Mas, e as conseqüências? — Agazyr continuou ponderando: — O resultado seria trágico. Por outro lado, todos nós sabemos que nada deve ser destruído na natureza. O uso dessa energia poderia destruir os morgs como também nosso planeta. O problema é de difícil solução.

— Alguém já viu esses... esses morgs? — perguntou o governador da região Norte.

— Não, ninguém sabe como eles são, somente pode-se afirmar que existem — Hylion respondeu.

— Se não sabemos como são e de que modo virão nos atacar, como poderemos resistir? — e o comandante das Armas, olhou ao redor, como se esperasse resposta de alguém.

Houve um longo silêncio; podia-se ouvir a respiração pesada dos presentes, que pareciam meditar sobre aquelas trágicas notícias.

— O grande mago e astrólogo cientista Zukov descobriu que eles não irão invadir o planeta fisicamente, nem nos dominar pela força ou por meio de sua avançada tecnologia — disse Hylion, acabando com o clima depressivo do ambiente da assembléia.

— São então amistosos? — inquiriu o diretor do Ministério da Engenharia Cósmica.

— Não, é muito pior.

— O que ainda pode ser pior? — foi a vez do oficial navegador do comandante das Armas perguntar.

— Posso responder com segurança — disse Agazyr — que vão invadir nossas mentes.

Depois dessa afirmação do grande sacerdote, as discussões atingiram o auge, ninguém mais se entendia. Com grande dificuldade Hylion conseguiu se fazer ouvir.

— Senhores, vamos com serenidade encontrar o melhor caminho a ser tomado. Depois de exaustivos debates com Zukov e Agazyr, examinamos várias possibilidades e algumas providências que poderemos adotar. Passo a palavra ao ministro da Casa da Magia, o grande mago cientista Zukov, que melhor que ninguém irá elucidar vários pontos ainda não abordados.

O mago levantou-se de sua poltrona anatômica de cristal. Era um homem grande, robusto, rosto redondo, de cabelos claros, abundantes, que caíam desordenados até os ombros. Seus olhos, escuros e penetrantes, pareciam devassar o íntimo dos que o encaravam, mas o sorriso quase permanente nos lábios carnudos dava-lhe uma expressão angelical.

— Meus senhores — começou com a voz grave e sonora — os morgs não desejam se expor. Preferem atuar ocultos, dissimulados. Pretendem dominar nosso corpo mental, fazendo de nós meros autômatos, obedientes aos seus propósitos e sua vontade. Assim, não ficariam vulneráveis a nossa reação e dominariam todo o nosso planeta, sem a necessidade de um confronto direto, que seria desastroso para eles.

— Que armas possuímos para combater essa invasão de nossas mentes? — perguntou um cientista navegador.

— A única arma capaz de evitar essa invasão mental — respondeu Zukov — é utilizar nossa mentalização com o poder da energia-vontade, que atuaria no corpo mental concreto, criando por sua vez um foco energético, por meio de um campo magnético superpotente, uma barreira capaz de neutralizar qualquer vontade vinda do exterior, impedindo sua entrada em nossos corpos superiores. Mas esse é um processo complicado, totalmente individual, que para dar resultado necessitaria de uma mentalização coletiva, impossível, dada a precariedade do momento, de ser realizada. Portanto, meus senhores, conforme aconselhei nosso imperador, a única providência a ser tomada, para nos defendermos dos morgs é abandonar Erg.

— Não existe outra maneira? — o governador da região Leste, bastante apreensivo, perguntou diretamente a Zukov.

— Sim, mas é muito perigosa — disse o mago. — É fazer os morgs se exteriorizarem, adotarem uma postura objetiva,

Erg - O Décimo Planeta

criarem corpos físicos visíveis. Então nós os atacaríamos com a energia letal do átomo desdobrado. Porém essa ação contraria os ensinamentos do Grande Pai, a suprema Lei. Por outro lado, o uso dessa arma, como todos sabem, é perigosíssimo.

— Mas nem para nos defender poderemos usá-la? — indagou o diretor do Ministério da Vida, contrariando sua postura de protetor de toda e qualquer existência.

Ninguém respondeu; todos pareciam muito preocupados com suas próprias indagações íntimas. Hylion tomou a palavra:

— Como sempre fizemos, vamos colocar em votação as duas opções que temos no momento. Reservo-me o direito de somente me pronunciar no final, se houver empate.

A votação teve início com Zukov, acompanhado pelos doze magos astrólogos da Casa da Magia.

— Falo por todos os magos do império. Somos favoráveis ao abandono do planeta, indo para Vênus. Como o principal interesse dos morgs é ocupar Erg, estaríamos em outro astro livres da atuação desses magos negros cósmicos. Considero-os cultores da magia negativa, pois todo aquele que impõe sua vontade sobre outrem, está praticando a lei conhecida como da mão esquerda.

— Por que a escolha de nosso destino, no caso do abandono de Erg, é o planeta Vênus? — perguntou a Zukov o comandante das Armas.

— Por um motivo muito simples: Vênus é o único planeta, em todo o Sistema Solar, que nos oferece condições de vida.

— Já temos, portanto, treze votos a favor do abandono de nosso planeta — disse Hylion, pedindo ao seu secretário que anotasse o número de votos.

O governador da região Norte levantou-se, e com a maior convicção falou:

— Sou a favor da guerra, acho que devemos resistir!

Seu voto foi seguido pelos governadores das regiões Oeste e Leste. O governador da região Sul ficou neutro, e disse com toda calma que não podia votar de forma leviana, pois precisava pensar no assunto.

O comandante das Armas, depois de consultar seus oficiais, declarou:

— Votamos pela resistência!

Os quatro administradores das regiões foram unânimes em seus votos:

— Optamos também pela guerra.

O grande sacerdote Agazyr votou pelo abandono do planeta.

Foi a vez dos ministros votarem. Os diretores dos Ministérios da Biologia Genética, da Vida, da Engenharia Cósmica e da Agricultura Técnica votaram pela saída do planeta, enquanto os três ministros restantes votaram a favor da guerra.

Ficou empatado em dezoito votos o escrutínio. Estava nas mãos do imperador Hylion o desempate, fundamental para o destino de Erg e todo seu povo. Encontrava-se em jogo a sobrevivência ou o aniquilamento total de uma civilização, e, quem sabe, da própria humanidade.

※ ※ ※

O comandante Rana, com quatro morgs a bordo da nave, aproximou-se da atmosfera de Erg, mantendo sua nave envolta em fótons de energia do subplano atômico, tornando-a invisível para os habitantes desse planeta.

Em Morg, depois que o Inefável resolvera invadir a mente dos erguianos, surgiu uma quantidade enorme de voluntários para realizar a primeira invasão experimental. Rana, que fora indicado pelo Inefável para dirigir e coordenar toda a operação, fizera uma seleção rigorosa para essa primeira incursão, e deixara de sobreaviso, para uma próxima sortida, mais de quatrocentos morgs interessados em ocupar as mentes da raça dos ergs.

Rana distribuiu cada um de seus comandados para ocupar determinada região; em cada uma delas ocupariam inicialmente o corpo mental de indivíduos simples, ergs que não ocupassem posições de destaque naquela civilização.

Depois de enfocar a mente dos escolhidos, ligou os controles do ondulador, um aparelho no painel de sua nave, que transformava ondas mentais em imagens tridimensionais. Ficou observando a experiência em seus mínimos detalhes na

Erg - O Décimo Planeta

tela do ondulador, que mostrava imagens virtuais das ondas mentais.

Por longo tempo ficou observando as imagens, para depois transferi-las para um aparelho portátil, do tamanho de uma caixa de sapato, onde elas seriam posteriormente projetadas em uma tela, para serem vistas pelo Inefável em Morg.

5.
Projeto intervenção mental

Depois da incursão experimental cujos resultados foram satisfatórios, o comandante Rana, cientista navegador, foi promovido ao cargo de Inefável comandante, o que lhe dava autoridade ilimitada, abaixo somente do imperador Rakasha.

Rana reuniu quatorze comandantes cientistas; Oleg, seu imediato, foi encarregado de transmitir suas últimas determinações sobre o procedimento da invasão mental dos habitantes de Erg.

Cada nave levaria cem tripulantes, escolhidos a dedo por Rana. Sete naves iriam para a região Sul do planeta, e outras sete para a região Norte de Erg, perfazendo um total de mil e quatrocentos morgs invasores. A Oleg, que ocupava uma nave menor, com três tripulantes, caberia observar ou atuar diretamente, nos casos em que não ocorresse uma invasão perfeita.

A nave de Oleg possuía um aparelho que realizava uma varredura total em toda a região invadida e gravava em três dimensões, com animação, tudo aquilo que fosse registrado na tela daquele engenho supersensível acoplado ao painel central da nave.

Depois da ocupação parcial de Erg, Oleg dirigiu-se ao Palácio da Navegação Intergalática, onde o agora comandante Rana encontrava-se como supremo dirigente do projeto Intervenção Mental.

— E então? Tudo correu como foi determinado pela vontade do Inefável? — foi logo perguntando ao seu subalterno.

— Sim, meu comandante. Trouxe isto para que possa observar como foi executado o magno projeto — Oleg colocou sobre a mesa de cristal amarelo a caixa escura em que gravara as cenas da invasão.

Rana, sem uma palavra, acionou um mecanismo quase invisível, na parte superior da caixa, que emitiu uma luz brilhante em direção à parede por detrás de sua mesa, imediatamente mostrando cenas animadas e sonoras da operação realizada pelas naves de Morg. Quando terminou a projeção, manifestou sua opinião:

— Belo trabalho, Oleg! Vamos esperar agora pelos resultados finais.

— Obrigado, meu comandante! Tenho certeza de que os resultados serão excelentes. Muito em breve o senhor tomará conhecimento do êxito dessa missão.

— Assim espero — foi o único comentário de Rana, que com um gesto despediu seu comandado.

❀ ❀ ❀

Zukov trabalhava ativamente, em sua sala na Casa da Magia, em uma experiência que muito em breve levaria ao conhecimento do imperador. O mago tinha muita pressa em terminar seu aparelho, um complicado sistema de tubos de luzes coloridas, ligados a uma espécie de computador, sem conexões elétricas aparentes. O engenho funcionava por meio de ondas mentais daquele que se colocava a sua frente, segurando com ambas as mãos duas bolas de metal brilhante que faziam parte dos terminais dos tubos coloridos.

Depois de algumas tentativas, Zukov soltou uma exclamação de alegria. Na tela de seu aparelho apareceu um ovóide amarelado. Aos poucos, quando o mago aumentou a freqüência vibratória das células orgânicas que compunham a placa-mãe do seu invento, foi-se delineando no visor a figura de um humanóide do tipo nórdico terreno.

Zukov imediatamente colocou uns eletrodos em sua cabeça, aumentando mais ainda a freqüência vibratória de suas ondas mentais, em perfeita união com as emitidas pela figura no aparelho, que tornou-se estática, presa inteiramente às ondas mentais do mago. Como um autômato, submisso ao poder

Erg - O Décimo Planeta

de Zukov, triplicado pela conjunção com a máquina, começou a ser monitorado.

O morg era um dos invasores. Fora violentamente alijado da mente de um erg invadido, depois de uma varredura feita pelo mago que havia escolhido ao acaso um invasor já instalado em um corpo mental, usando forças sutis da natureza, associando eletricidade cósmica a campos eletromagnéticos, passivos a sua poderosa vontade.

Prisioneiro da mente do mago, a imagem virtual do morg, na tela do aparelho, respondeu a todas as perguntas que lhe foram feitas, ficando Zukov de posse das informações relativas à invasão mental desses seres da outra galáxia.

O mago, depois dessas importantes revelações, desligou o aparelho, sem saber ao certo, pois o experimento ainda era recente, o que aconteceria com o morg aprisionado.

— Tenho que me comunicar imediatamente com Hylion — disse em voz alta mago — os acontecimentos se precipitam e não posso perder um minuto sequer — e preparou-se para ir ao encontro do seu imperador.

❊ ❊ ❊

A votação feita no Conselho de Emergência dos ergs terminara empatada. Hylion, detentor do voto de Minerva, pôs fim ao impasse, votando pelo abandono do planeta.

Embora a vontade do imperador fosse soberana e o resultado tivesse sido obtido democraticamente, após um escrutínio livre, a facção derrotada não se conformou e começou a tramar contra aqueles que apoiavam a decisão final de Hylion. Apesar de os opositores não terem sido invadidos em suas mentes pelos morgs, suas atitudes já eram conseqüência da força mental desses seres infiltrados em Erg.

Quando o mago cientista Zukov entrou no palácio do imperador, levando seu aparelho para uma demonstração, já haviam começado em várias regiões do império revoltas, conflitos e tumultos, coisas que nunca haviam acontecido há longos séculos no planeta.

Após as saudações de praxe, Hylion, bastante interessado,

entrou direto no assunto:

— Que resultados podemos esperar desse aparelho?

— Muitas coisas, meu imperador.

— Por exemplo?

— Podemos tornar visíveis os morgs.

— Apenas acabar com sua invisibilidade?

— Não, meu imperador, torná-los também passivos, para serem monitorados por nós.

— Acreditas, Zukov, que muitos morgs estejam infiltrados nas mentes do nosso povo?

— Acredito, senhor.

— Então iremos precisar de vários aparelhos como este.

— Infelizmente sim!

— E teríamos ainda que instruir vários magos, ou outros aptos para esse trabalho, para manipular esse aparelho?

— Infelizmente sim — repetiu Zukov.

— Então, meu caro amigo — disse de forma carinhosa — os resultados práticos são muito pequenos.

— Mas meu imperador, poderemos operar sobre alguns, poucos talvez, mas iremos obter informações preciosas que nos ajudarão a combater esses maléficos seres.

— Concordo, Zukov, mas não resolverá de todo o problema. Outra coisa, meu grande mago, esses morgs são escolhidos ao acaso por seu aparelho?

— De certa forma sim, porém, todos aqueles que estiverem na mesma freqüência vibratória, no mesmo comprimento de onda mental, ficarão prisioneiros, sendo monitorados por aquele que opera o aparelho.

— Não deixa de ser mais uma arma contra os morgs.

— Certamente, senhor.

— Com isso poderemos ganhar tempo, a fim de preparar nossa retirada do planeta, sem correrias ou atropelos.

— E nosso povo, senhor? Os ergs invadidos pelos morgs?

— Com esses resta-nos muito pouco a fazer. Eu diria mesmo que nada — e uma ruga de preocupação apareceu na testa de Hylion.

— E quanto a Vênus? — perguntou o mago, depois de alguns minutos de silêncio.

Erg - O Décimo Planeta

— Estive com Agazyr e o comandante das Armas, Nardal, nesse planeta. Fora algumas coisas que precisam ser mudadas, apresenta excelentes condições para ali darmos início a nossa civilização.

— Mas isso é ótimo!

— Não íamos a esse planeta há longos anos, desde que adensamos a camada de ozônio para possibilitar o aparecimento de vida animal. Observamos que Vênus possui vida mineral, vegetal e rudimentos de vida animal. Tudo indica, salvo melhor exame, que também há vida rudimentar hominal.

— Isso é bom ou ruim?

— Não sei ao certo. É um aspecto que teremos que examinar com cuidado no futuro.

— Concordo, senhor, mas esclareça-me por favor, sem ver na minha pergunta impertinência: o Disco Solar de Ouro, não poderia ser empregado com eficiência no combate a esses morgs?

— Muito pouco pode fazer. O sacerdote Agazyr tentou mudar as condições climáticas do planeta, como também provocar tempestades e ciclones, porém, logo verificou que os invasores muito pouco sofreriam; somente nosso povo seria prejudicado com os efeitos produzidos pelo Disco Solar. Felizmente parou a tempo suas malogradas experiências. A propósito, Zukov, voltando ao seu invento, poderão ser libertos por seu aparelho aqueles que foram invadidos mentalmente?

— Tenho quase certeza de que sim. Haja vista o morg de minha experiência, que foi expulso do erg invadido, e veio prisioneiro e submisso manifestar-se no aparelho.

— A fabricação desse invento levaria muito tempo?

— Algum tempo, meu imperador.

— Quanto?

— Eu diria uns dois ou três dias.

— Quantos magos da Casa da Magia seriam necessários para operá-lo?

— Todos, meu imperador.

— Podíamos tentar. Quanto mais ergs libertarmos, talvez possamos atrasar essa invasão.

— Certo, meu imperador. Não iríamos resolver todo o problema, mas será um passo a mais para o tempo que necessitamos.

— Mãos à obra, Zukov! Começa logo a fabricar... que nome deste ao aparelho?

— Chamei-o de modulador.

— Modulador! Um ótimo nome!

❊ ❊ ❊

Precisamos voltar no tempo, antes do grande Conselho, e encontrar num dos salões do palácio do imperador, Hylion e Agazyr em conversa privada.

— Vou convocar em sessão extraordinária o grande Conselho, com todas as autoridades do império; mas já sei de antemão todas as providências que devo tomar. Após profunda meditação, analisei os prós e contras dessa triste realidade.

— E quais são, meu imperador, posso saber?

— Claro que sim; foi para isso que te chamei a minha presença.

Agazyr se acomodou melhor na poltrona de cristal, enquanto Hylion começou a relatar seus planos.

— Quero que venham imediatamente ao palácio, para uma conversa em particular, minha filha Thessá e Albiom.

— Albiom? — perguntou espantado o grande sacerdote.

— Perfeitamente, Agazyr. Albiom! Como é meu desejo abandonar o planeta, não quero de modo algum me separar de minha filha, o que aconteceria se continuasse impedindo seu casamento com esse rapaz.

— Ah! Entendo, senhor!

— Quero, antes de mais nada, enviá-los ao Ministério da Biologia Genética, onde minha filha é uma das cientistas, para que façam um exame em seus DNA; se forem compatíveis, aprovarei sua união.

Agazyr estava boquiaberto com essas notícias, mas não emitiu qualquer opinião. O imperador prosseguiu:

— Isso feito, quero mandá-los, comandando quinze cientistas biológicos, com quatro homens de armas, para a região dos thugs.

— É uma punição? — o sacerdote não estava entendendo nada.

Erg - O Décimo Planeta

— Já vais entender, Agazyr — e com toda a calma Hylion continuou expondo suas decisões. — Quero que eles realizem, na maior quantidade possível de thugs, modificações nos genomas e DNA, com ativação morfogenética de seus neurônios.

— Continuo sem entender nada, meu senhor.

Hylion não pode se furtar de um sorriso, vendo a cara de estupor de seu sacerdote. Afinal, querendo abreviar a curiosidade do outro, prosseguiu:

— Quando migrarmos para Vênus, quero levar esses thugs modificados, para dar início a uma nova espécie humanóide.

— Mas isso é fantástico! — o sacerdote estava perplexo.

— Fantástico ou não, é o que devemos fazer. Se vamos abandonar nosso planeta e não sabemos o que poderá acontecer, temos obrigação perante a grande Lei de não deixar desaparecer a espécie humana do nosso Sistema Solar.

— Concordo plenamente, senhor, mas nós também somos da espécie hominal e não iremos desaparecer.

— Só o Grande Pai sabe o que nos reserva o futuro. Como não tenho a onisciência Dele, não quero e não posso me arriscar a ver o fim da humanidade — finalizou, um sorriso triste nos lábios, o imperador Hylion.

Essa reunião com o grande sacerdote Agazyr explica o inusitado aparecimento de Albiom e Thessá na região dos thugs.

6
Operação Mutação

O Inefável Rakasha, semblante carregado, olhou fixo para Rana curvado a sua frente.

— O que tens a me dizer sobre os morgs que perdemos?

— Perdão, Inefável imperador, mas as baixas, se é que se pode dar esse nome, entre os ergs foram bem maiores. Nessa primeira invasão, mais de cento e oitenta ergs foram invadidos, e apenas quinze dos nossos foram expulsos dos corpos mentais ocupados.

— E esses quinze morgs, onde estão?

— Essa é uma pergunta que não posso responder com segurança.

— Estão mortos ou apenas desaparecidos?

— Segundo nossos eminentes cientistas, estão em estado de vida suspensa, entre o mundo astral e mental de Erg.

— O que chamam de vida suspensa?

— Não se encontram totalmente vivos, nem totalmente mortos.

— Como assim? Explica melhor!

— Grande imperador Inefável, senhor da vida imortal! Significa que estão inconscientes, prisioneiros desse plano intermediário.

— E o que podemos fazer?

— Já tomei todas as providências cabíveis para resolver essa situação em que se encontram nossos irmãos.

— Quero que não poupes nenhum esforço, tecnologia ou energia a fim de libertar esses morgs. Agora fala-me da segunda etapa da invasão — ordenou o Inefável, mudando bruscamente de assunto, como era de sua natureza, sempre impaciente.

— Antes dessa segunda etapa, se me permite, precisamos resolver alguns problemas que têm acontecido com bastante freqüência.

— Problemas? Que problemas? — o Inefável começava a se irritar novamente.

— Alguns dos nossos estão se tornando visíveis, outros continuam a ser retirados abruptamente das mentes conquistadas.

— E o que tem sido feito para evitar tais acontecimentos?

— Estamos tentando...

— Tentando! Tentando! — o imperador elevou a voz, encolerizado.

— Garanto que chegaremos a um resultado satisfatório — disse Rana de forma tímida, tentando ser apaziguador.

A pergunta veio incisiva, direta:

— Em quanto tempo?

— Breve, muito breve — foi o que conseguiu responder o comandante.

— Breve é muito vago; exijo soluções imediatas.

— Estamos, meu imperador, trabalhando arduamente

Erg - O Décimo Planeta

51

para chegar a essas soluções.

— Sejamos objetivos. Quantos morgs, depois do primeiro ataque, desapareceram?

— Quinze.

— Alguns ficaram visíveis e não desapareceram?

— Assim aconteceu.

— Quantos?

— Uns oitenta ou noventa. O número exato trarei oportunamente.

— Essa visibilidade é permanente?

— Sim, Inefável, enquanto permanecerem na atmosfera de Erg.

— De nada adianta, então, ficar invisíveis para entrar com mais facilidade na mente dos ergs! Nossa invisibilidade tornou-se inútil!

— De fato, meu imperador, infelizmente é o que vem ocorrendo. Eles estão usando uma técnica, talvez um aparelho, ainda não sabemos ao certo, que não só anula nossa invisibilidade, como também nos retira de forma brusca das mentes já invadidas.

— Antes de mais nada, ordeno que se mude imediatamente nossa tática de invasão.

— O que o Inefável ordena?

— Vamos aparecer em nossas formas físicas criadas, com nossas naves, e atacar sem mais delongas os ergs.

— Devemos então reforçar nossas hostes?

— Dobra nosso efetivo envolvido nesse projeto! Ficas responsável por essa nova tática de invasão. Porém, isso é muito importante, só eliminem os ergs em casos extremos. Quero que passem a usar os raios de luz paralisante. Nosso objetivo não é destruir os ergs ou seu planeta, apenas os queremos inconscientes, para poder utilizar seus corpos mentais. Entendeu bem, comandante Rana?

— Perfeitamente, Inefável, senhor da vida imortal!

— Dessa vez não admito erros. Quero uma ação coletiva perfeita. E quanto à barreira de partículas de antimatéria, colocada em torno do planeta Erg?

— Quanto a isso posso afirmar que não existe falha nenhuma. Uma das naves dos ergs, que tentou ultrapassar essa barreira, foi inteiramente desintegrada. Meu oficial auxiliar, comandante Oleg, trata pessoalmente desse assunto, me enviando todos os dias um relatório completo e minucioso sobre as ocorrências nessa região.

— Não há possibilidade alguma de falha no cinturão de antimatéria?

— Nenhuma possibilidade.

— Ótimo! Eles se encontram presos em seu próprio planeta!

O comandante Rana esperava novas ordens ou novas perguntas; como não viessem, dirigiu-se ao imperador:

— Quando inicio essa nova operação?

— Imediatamente — limitou-se a dizer o Inefável.

❊ ❊ ❊

A Operação Mutação prosseguia com pleno êxito na região dos thugs. Depois de instalada no local apropriado, a equipe de biologia genética havia construído um enorme complexo, com placas finas de um material parecido com metal. Situado a dois metros do solo, consistia em um laboratório completo, com ampla sala de cirurgia, acomodações para toda a equipe e um enorme salão, onde foram colocadas duas mil camas de cristal anatômicas, superpostas de três em três, como beliches.

O trabalho desses cientistas genéticos obedecia de forma rigorosa ao seguinte procedimento: inicialmente o thug era sedado; era então levado para uma das salas e totalmente limpo com jatos tépidos de ar de coloração areia; depois recebia jatos frios de cor violeta ficando pronto para a cirurgia.

Essa primeira etapa era realizada com vinte e cinco thugs de cada vez. Depois eram conduzidos inconscientes para o grande salão e colocados nas camas ali existentes. Examinados pelos biólogos cientistas, tinham aferidas suas condições físicas e mentais, por meio de uma espécie de capacete transparente ligado por vários fios a uma tela portátil ao lado da cama. Ali apareciam luzes coloridas, como raios, que detectavam os oxônios e as sinapses entre os neurônios, que eram então inter-

Erg - O Décimo Planeta

53

pretadas pelos biólogos. Se fosse aprovado, era transportado para a sala de cirurgia.

Realizava-se então aquilo que hoje chamamos de anestesia: com o dedo indicador, o cirurgião tocava o chacra frontal do paciente, pressionando-o levemente, o que produzia um estado letárgico profundo. Em seguida, um objeto parecido a uma pistola de cano longo emitia uma luz verde, que envolvia a cabeça do thug, concentrando-se na região ocipital. Um cone de vidro opaco era colocado no crânio, e logo começava a mudar de cor, finalizando com uma coloração azul-escuro, que ia se refletir numa tela alabastrina, ao lado da cama, tendo na parte de baixo um mostrador semelhante a um relógio de oito ponteiros. Imediatamente o operador mudava a posição desses ponteiros, colocando todos na parte superior, onde existia um quadrado de cor amarela. Logo, com um bastão do tamanho de um lápis, tendo na extremidade uma pequena esfera de vidro brilhante, tocava primeiro o cone opaco, depois a tela alabastrina, acendendo e apagando a esfera em movimentos circulares. Depois de um certo tempo, bastão e tela adquiriam uma coloração verde, transmutando-se em um vapor da mesma cor, que impulsionado por força invisível, ia em forma espiralar invadir todo o cone opaco, circundando-o com um zumbido, e movimentando os oito ponteiros do relógio. Estava terminada a mutação no DNA e no genoma do thug, operação realizada sem qualquer sofrimento ou dor.

— Quantos já são com esse? — perguntou Albiom para Thessá, indicando um thug, que permanecia inconsciente em uma mesa de cristal branco.

— Duzentos e setenta e cinco com este — respondeu a moça, sem tirar os olhos de uma espécie de relógio com dois ponteiros maiores e quatro menores, pendurado em um tripé ao lado da cama.

Esse relógio, de feitio quadrado, possuía quatro quadrantes, cada um de uma cor. Na parte superior azul, na inferior amarelo e nas laterais, de um lado verde, do outro violeta.

— Faltam mil setecentos e vinte e cinco para perfazer o total de dois mil casais de thugs — disse Thessá, desviando o olhar e encarando seu marido.

— Ainda falta muito — disse o outro. — Vou providenciar o necessário para não atrasar o projeto.

Albiom, que era o gerente da Operação Mutação, se retirou, deixando sua mulher entregue ao trabalho que estava realizando com a equipe.

Outro thug já havia sido colocado na cama cirúrgica e Thessá ia começar a intervenção, quando Albiom, bastante agitado, quase derrubou a cama de cristal.

— Thessá! Thessá! Estamos em perigo! Vamos abandonar o mais rápido possível esse lugar!

— Que foi? — a moça teve um sobressalto.

— Foram vistos dois ovóides coloridos, a poucos metros da entrada principal

— Os morgs! — foi a única coisa que Thessá conseguiu dizer.

7
A invasão

Oleg, lugar-tenente do comandante Rana, cumprindo as novas ordens do imperador, começou a atacar com os raios paralisantes, montados em suas naves, a região Norte de Erg. Ao mesmo tempo Ratinov, o governador, junto com o administrador dessa província do império, começou a organizar a defesa.

— Ulair, temos que contratacar imediatamente.

— Mas senhor, que armas usaremos?

— Aquelas que possuímos.

— Que são muito poucas.

— Melhor que nenhuma.

— Acho mais conveniente, governador Ratinov, consultarmos a bióloga Thessá. Afinal, ela é filha de nosso imperador e lá se encontram vários cientistas.

Ratinov não respondeu logo, parecia refletir nas propostas do seu assistente, mas Ulair continuou, ante o silêncio do governador, a ponderar:

— Os cientistas encontram-se perto da sede do governo e...

Foi interrompido por Ratinov.

— De fato, a distância que nos separa das montanhas onde vivem os thugs é de apenas meia hora de caminhada no meio da mata. Não sei... talvez tenhas razão — o governador estava indeciso.

O administrador insistiu:

— A vegetação abundante impediria que nos vissem, se optássemos por essa solução, o senhor não concorda?

— Solução que acho inadequada.

— Por que, senhor?

— Porque não vai resolver de modo definitivo nossa situação, que é precária, extremamente perigosa.

— Mas com essa consulta, pelo menos teríamos uma diretriz sobre qual rumo tomar — o administrador continuava insistindo em que deviam consultar os cientistas.

— Não adianta, Ulair, já sei de cor o que irão me dizer.

— O senhor já sabe?

— Sei, Ulair. Que são contra qualquer ato beligerante, e que, segundo o que prega nosso imperador, devemos nos ocultar do melhor jeito possível, pois nossa meta não é fazer a guerra contra os morgs, mas sim abandonar nosso planeta na ocasião propícia.

— E o senhor vai cumprir essa ordem do nosso imperador?

— Não. Tenho alguns aliados importantes que comungam das mesmas idéias. Portanto, meu caro, não pretendo consultar os cientistas que estão na região dos thugs.

— Então o que usaríamos para combater esse ataque dos morgs?

— Contra essa poderosa tecnologia deles, só temos uma opção.

— Qual, governador?

— O uso do átomo desdobrado.

— O átomo desdobrado?

Ulair estava atônito. Quase sem fala, gaguejando, perguntou:

— O senhor está consciente das conseqüências?

— Plenamente.

O chamado átomo desdobrado era uma fissão nuclear, que essa raça realizava bombardeando o núcleo atômico com a combinação das sete forças solares, convertidas umas nas outras. Isso provocava uma reação em cadeia, átomo desintegrando átomo, gerando uma força inimaginável para nós, tão poderosa que podia desintegrar até mesmo um corpo celeste.

— Mas senhor... usar o átomo desdobrado? — o administrador estava em pânico.

Ratinov não teve tempo de responder, pois seu secretário entrando na sala, anunciou a presença na antecâmara do gerente do Projeto Biológico Mutação, Albiom, que desejava uma entrevista de emergência.

✢ ✢ ✢

O Inefável recebeu o comandante Rana, que veio lhe apresentar as últimas notícias sobre a invasão de Erg.

Poderá parecer estranho ou incoerente ao leitor a escolha desse astro, em todo nosso Sistema Solar, quando sabemos que existe um número infinito de sistemas solares idênticos àquele ao qual pertencia Erg. Porém, como já referimos anteriormente, a escolha recaiu nesse planeta por ser o único que apresentava condições análogas e vibrações adequadas à sobrevivência dos morgs. Além disso, Erg situava-se em uma dobra do espaço que coincidia com o planeta dos invasores e embora se encontrasse em outra dimensão, havia relação entre os hiperespaços de ambos.

— Imperador Inefável, senhor da vida imortal! — saudou Rana. — Já conquistamos praticamente toda a região Norte de Erg, e dei ordens explícitas a Oleg para começar a invasão da região Sul. Teremos muito em breve todo o planeta em nosso poder.

— Mas isso é muito bom! — disse o Inefável alegre, um sorriso nos lábios finos.

— Fico feliz ao ver meu imperador satisfeito com meu trabalho — disse Rana, subserviente e bajulador.

— E quanto aos nossos prisioneiros entre os mundos astrais e mentais de Erg? — perguntou o Inefável, ignorando as palavras lisonjeiras de seu comandado.

— Estamos trabalhando incansavelmente para libertá-los.

Erg - O Décimo Planeta

— Que seja bem rápido! — disse de forma ríspida.

— Certamente, senhor.

O Inefável antes irritadiço, passou a uma serenidade aparente. Foi com voz pausada que perguntou:

— Diz-me, Rana, depois que ficamos visíveis, tivemos quantas baixas?

— Por enquanto nenhuma, meu imperador.

— Ótimo! Qual a estimativa para a ocupação completa de Erg?

— Pelos meus cálculos, uma volta completa de nosso planeta em torno do nosso Sol duplo.

— Isso levaria doze ciclos[3] — disse o imperador pensativo.

— É o tempo aparente correto.

— Não acha, comandante, que é muito?

— Se me permite, Inefável imperador, é o ideal para conquistar, sem atropelos e com perda mínima de irmãos morgs, o planeta e a mente de todos os ergs.

— Tu dizes sem atropelos?

— Sim, Inefável! Quando estávamos invisíveis, era bem mais fácil a posse da mente dos ergs; agora, temos que imobilizá-los, selecionar aqueles corpos em estado letárgico, e só então proceder a ocupação total de suas mentes. Tudo isso demanda algum tempo.

— Os locais já se encontram previamente determinados?

— Todos, meu imperador.

— Ótimo! — exclamou o Inefável, visivelmente satisfeito. — Depois que a invasão tiver atingido as quatro regiões do planeta, ordeno que separes o imperador Hylion dos outros, pois quero sua mente para mim — e o Inefável deu um riso curto, dissonante e sinistro.

※ ※ ※

Zukov e Agazyr trabalharam febrilmente, sem descanso, por doze dias, em seus cálculos matemáticos, consultando tabelas cósmicas, que davam as correlações astronômicas do

---

3 Nota do Autor: Para maior esclarecimento do leitor, doze ciclos seriam, em nossa contagem de tempo, seis meses terrestres.

planeta, para encontrar uma solução, a fim de neutralizar a barreira de antimatéria colocada ao redor de Erg. Finalmente, quando já começavam a desanimar, Agazyr conseguiu o que tanto desejavam.

— Zukov, meu caro amigo, está aqui — e apontou para a placa de um material semelhante ao vidro, coberta de algarismos e signos complicados —, sempre esteve debaixo de nosso nariz, e não conseguíamos enxergar.

Zukov esticou o pescoço por sobre o ombro de Agazyr e esfregou os olhos cansados das vigílias intermináveis.

— É verdade, agora tudo está muito claro! Já podemos levar para Hylion o resultado final de nossos cálculos.

O imperador recebeu os dois magos em sua sala particular, colocando-os à vontade.

— Senhores, sentem-se! Mas expliquem, por favor, o que significam esses rabiscos? — perguntou, apontando para a planilha dos cientistas. — Peço que o façam em detalhes.

— Imperador Hylion — disse Zukov —, o problema não é tão complicado como pensávamos a princípio.

— Pode ser resolvido facilmente — e Agazyr riu satisfeito.

— A barreira de antimatéria — continuou Zukov —, como o senhor não ignora, oferece como dificuldade o fato de que os átomos de matéria, ao entrar em contato com os de antimatéria, destroem-se mutuamente.

— Conheço a teoria — disse Hylion, interessado.

— Pois bem, usaremos a mesma técnica empregada pelos morgs, para entrar e sair dessa barreira — continuou Zukov. — Campos magnéticos podem transformar e transportar matéria de uma dimensão para outra. No campo unificado[4] os conceitos absolutos de tempo-espaço e matéria-energia não são entidades separadas, mas sim efeitos transmutáveis das mesmas condições de distúrbios eletromagnéticos. Sob o aspecto prático, a teoria do campo unificado diz respeito aos campos elétricos e magnéticos, da seguinte maneira: um campo de eletricidade criado por um turbilhão induz em princípio um campo magnético de ân-

---

4 No fim da vida, Einstein se concentrou em uma teoria do campo unificado, que revelasse não apenas os campos gravitacionais e eletromagnéticos como dois aspectos da mesma coisa, mas também explicasse a existência de partículas elementares e a de constantes como a carga ou a velocidade da luz.

gulos retos, cada qual representando um plano do espaço. Mas como existem três planos do espaço, existe um terceiro campo, um campo gravitacional. Potentes geradores eletromagnéticos produzem uma pulsação magnética pelo princípio da ressonância, criando assim esse terceiro campo — Zukov terminou sua complicada e científica explanação.

— Nossas naves, por conseguinte, passariam de uma dimensão para outra, evitando a barreira de antimatéria, como se ela não existisse — completou Agazyr.

— Navegando no terceiro campo criado? — perguntou Hylion.

— Exatamente, meu imperador — disseram ao mesmo tempo os dois cientistas.

— Muito bem, senhores, o que é necessário para ter esses geradores eletromagnéticos?

— Construí-los e adaptá-los a nossas naves aéreas — respondeu Zukov.

— Quanto tempo levaria a construção?

— Acreditamos que muito pouco; cremos que tudo estará pronto assim que terminarem as operações realizadas com os thugs.

— Vamos então construir esses geradores. Não percamos mais tempo!

Hylion, levantando-se, deu por encerrada a audiência, depois de dar aos cientistas carta branca para essa missão.

8
Últimas providências

Thessá não se abalou com a comunicação de seu marido de que tinha avistado dois ovóides. Convenceu-o de que deviam procurar auxílio urgente com o governador Ratinov, e imediatamente se puseram a caminho.

Quando chegaram à porta principal do complexo biológico, encontraram os dois ergs que faziam a guarda estirados no chão, totalmente inconscientes, e, a pouca distância deles, dois morgs já em corpo físico. Entrepararam, e, escondendo-se por trás de uma das colunas da entrada do prédio, evitaram ser atingidos pelos raios paralisantes que os invasores portavam. Aproveitando-se do fato de não ter sido vistos, rápido se colocaram por detrás dos dois morgs. Imóveis, silenciosos, olharam em várias direções, avistando um ovóide que se deslocava em sua direção. Não perderam mais tempo: esgueirando-se, penetraram na mata, correndo agachados, até que avistaram na fímbria da floresta a cidade norte. Dirigiram-se rapidamente ao palácio do governador.

Entraram atropeladamente, e sem perder tempo com etiquetas, Albion exigiu que o secretário o levasse à presença de Ratinov. Ou porque estivesse com o semblante transtornado, cabelos desalinhados e vestes amarfanhadas, ou porque o secretário estava acostumado a obedecer, foi introduzido na antecâmara do administrador.

Vozes acaloradas chegaram até ele que, agora mais calmo, procurou escutar o que diziam; aproveitando a ausência do administrador, sozinho naquela sala, ouvidos colados à porta, conseguiu ouvir parte da conversa.

Tratava-se de uma conversa sigilosa entre o governador Ratinov e seu administrador Ulair, que discutiam os altos interesses do império.

O secretário voltou à antecâmara. Albiom foi interrompido em sua escuta clandestina, e sem mais delongas foi introduzido na sala de audiências do governador.

— Perdão, grande Ratinov, pela minha entrada intempestiva, sem observar as regras da etiqueta — foi logo dizendo Albiom —, mas necessito de auxílio urgente. O projeto Mutação Biológica estará com os dias contados, se não for ajudado.

— Senta-te, meu rapaz, e conta-me com calma o que aconteceu, e do que estás precisando — e o governador indicou uma poltrona para Albiom.

O outro pareceu ignorar o convite e continuou em pé, muito excitado.

— Senhor governador, necessitamos com urgência de alguns guardas armados!

— Calma, Albiom! — foi a vez de Ulair pedir um pouco de tranqüilidade.

Erg - O Décimo Planeta

— Estamos cercados por morgs; não sei mais o que fazer!

— Estamos todos cercados — disse Ulair. — Nada posso fazer no momento. Preciso defender minha região, e não posso dispor de nenhum guarda armado. Infelizmente, Albiom, teu sogro sabe tão bem como tu que nosso império inteiro, ou quase inteiro, está sob o domínio dos morgs.

— Quer dizer, governador, que o senhor nada pode fazer?

— Nada!

Albiom parecia desorientado; ficou por um momento parado, em silêncio, cabisbaixo, sem encarar seu interlocutor. Ulair o tirou daquele estado de desânimo.

— A única coisa que posso fazer é te aconselhar: volta para junto de Thessá e procura protegê-la. Nada mais, meu rapaz!

Como um autômato, Albiom saiu aos tropeções da presença de Ratinov, mas ainda ouviu Ulair perguntar:

— Será que ele ouviu nossa conversa?

— Agora não importa mais — respondeu Ratinov —, não temos outro recurso, vamos agir enquanto é tempo.

❀ ❀ ❀

Hylion mandou chamar Agazyr e Zukov e em seguida enviou um emissário à região dos thugs, convocando Thessá para vir com urgência ao palácio.

Andando de um lado para o outro em sua sala particular, o imperador, visivelmente preocupado, esperava impaciente. A todo instante, seu secretário, Adanlor, vinha lhe dar notícias sobre a invasão dos morgs, agora abertamente conhecida de todos os súditos do reino.

Três quartas partes de Erg já se encontravam em poder dos invasores, restando apenas a região Norte, das montanhas onde viviam os thugs, e o local onde se estava o palácio real e alguns prédios da cidade sul, onde reinava e resistia Hylion.

Zukov e Agazyr, que andavam sempre juntos, chegaram quase ao mesmo tempo. Mal tiveram tempo de saudar seu imperador, pois Albiom chegou, acompanhado por Thessá. Logo, atropelando as palavras, deu as terríveis notícias para Hylion.

— Senhor, estive com o governador Ratinov, solicitando

auxílio para o Projeto Biológico, e por acaso pude ouvir o que ele falava a seu administrador. Pretendem utilizar contra os morgs o átomo desdobrado!

Aquela revelação teve um efeito fulminante, como um terremoto com milhares de explosões. Zukov e Agazyr se levantaram e sentaram várias vezes, mudos de espanto, acompanhados por Albiom e Thessá. Hylion levou a mão direita à altura do coração, muito pálido.

— É muito triste ver seres humanos se matando — conseguiu dizer o bondoso imperador —, e agora, ouvir uma notícia dessas! Essa espécie que se diz racional, inteligente, não satisfeita em matar, quer destruir de vez a maravilhosa morada que nos acolhe, aniquilar o milagre da vida! — Hylion não pode esconder uma lágrima, que desceu silenciosa pelo seu rosto.

— Temos que agir bem rápido! — disse Agazyr, muito agitado com as notícias.

— Qual nossa real posição, Zukov? — perguntou o imperador.

— Péssima, senhor.

— Temos alguma chance?

— Nenhuma.

— Perdoe minha impertinência, meu imperador, mas o senhor poderia ter usado as armas letais que possuímos — disse Agazyr. — Não veja nisso uma censura, apenas uma observação, reflexo da minha incredulidade, meu espanto ante essas notícias trazidas por Albiom.

— Sossega, meu bom Agazyr, gosto das discussões abertas, com cada um dando sua opinião livremente, sem imposições e sem qualquer coerção.

— Nós conhecemos seu grande coração, sua bondade infinita, que todos gostaríamos de ter — Zukov uniu as palmas das mãos em frente ao peito, em sinal de respeitosa união.

— Por que, pai, não usamos nossas armas? — perguntou Thessá, que até aquele momento permanecera calada.

— Matar, filha?! Sempre fui e sempre serei contra eliminar qualquer coisa da Criação. Isso contraria a Lei de nosso Grande Pai.

— Tenho certeza de que Thessá queria sugerir o uso de

armas para nos defender, não foi minha filha? — Zukov sorriu para a moça, que tímida devolveu o sorriso.

— O que faremos, senhor? — perguntou Agazyr.

Hylion abandonou os gestos e as palavras comedidas, e em segundos transformou-se em um homem de ação.

— Thessá, minha filha, quantos thugs estão geneticamente modificados?

— Cerca de seiscentos casais — foi a pronta resposta.

— Albiom, ficas, encarregado com Agazyr de acomodar esses thugs em duas naves e aguardar o momento de partir — e virando-se para Zukov: — Tens certeza de que poderemos atravessar a barreira de antimatéria?

— Certeza absoluta.

— Ficas encarregado, Zukov, de acomodar em outra nave todos aqueles que comungam com nossas idéias.

— E o senhor, meu imperador? — perguntou o mago.

— Não se preocupe, meu amigo, eu e minha filha partiremos na nave de Albiom — respondeu Hylion com tristeza, abraçando Thessá.

— É muito triste, ter que abandonar para sempre nosso lindo planeta! — Zukov, o grande mago galático, fungou, disfarçando um soluço que vinha do fundo de sua alma.

❄ ❄ ❄

O Inefável, acompanhado por três oficiais, desceu de sua nave, que pousara próximo a Kendom Silá, a bela cidade de cristal, capital de Erg.

— Finalmente és minha! — exclamou, apontando o braço direito em direção às cúpulas prateadas, que ao entardecer refletiam em miríades de cores os últimos raios de sol. — Prepare-se, Rana, para o ataque final!

— Agora mesmo, Inefável imperador Rakasha, senhor da vida imortal!

— Informa antes qual é a situação real.

— Falta apenas invadirmos parte da região Norte, as montanhas, e o centro de Kendom Silá, o que faremos agora.

— Pois faça-o sem mais demora, comandante Rana.

Nesse exato momento, viram três enormes naves nos céus de Erg, dirigindo-se em alta velocidade rumo ao horizonte.

— Não se preocupe, Inefável, serão destruídos, como os outros, pela nossa barreira de antimatéria — disse Rana, com convicção.

— Ao ataque! — e o Inefável, imperador de Morg, ergueu o braço direito, dando início à conquista final e completa do planeta Erg.

Kendom Silá, a bela cidade de cristal, quase deserta, caiu em poder dos morgs, enquanto na região Norte a resistência dava fracos sinais de reação, com indícios claros de que seria dominada a qualquer momento.

Uma explosão tremenda, descomunal, ouviu-se então. Erg foi sacudido por estrondos que ressoaram como milhões de trovões. Em meio a nuvens negras e clarões ofuscantes, como se sua crosta inteira fosse uma casca quebradiça, Erg despedaçou-se em inúmeros destroços, que ficaram girando em órbita do sol, pelos espaços infinitos.

9
A Grande Fraternidade Cósmica

— Vamos primeiro planejar e organizar a nova "cadeia de evolução"[5] de Erg, que foi destruída — disseram os dirigentes planetários, dando início à reunião da Grande Fraternidade Cósmica, em Colope, planeta situado no centro dos braços em cruz da galáxia.

— Não só a cadeia de Erg ficou incompleta, mas também todo o seu esquema — disseram os espíritos solares.

— Ficou incompleto! — repetiram os devas brilhantes.

O Logos Solar e seus assistentes tinham a solução adequada para esse drama cósmico.

— Vamos passar toda a semente de vida para o incipiente esquema terrestre, que ainda se encontra em sua segunda

---

5 Informações sobre as "cadeias de evolução", Logos Planetário e o Logos Solar, podem ser encontradas no capítulo "Mediunismo, Rondas e Raças-raízes", da obra *Umbanda, essa Desconhecida*, de Roger Feraudy, publicada pela **EDITORA DO CONHECIMENTO**.

cadeia. O Logos Planetário de Erg irá doar seus veículos, seus globos de evolução, para a formação das cadeias terrestres e, por um Manvantara, período de tempo incalculável, irá permanecer na vida do Logos Cósmico, para vir à luz como centro de novo sistema solar, em esquemas de evolução futuros.

É necessário ter em mente que nosso Universo é apenas um entre um número infinito de universos manifestados que se sucedem no tempo, o elo da grande cadeia cósmica de universos, sendo cada um deles o efeito de seu predecessor e a causa do que o sucedeu.

— Chamem os "filhos da sabedoria", para efetuar seu trabalho de organização no planeta Mercúrio — e elevaram suas vozes as hierarquias criadoras, completando: — O arcanjo Samuel deve seguir para o planeta Marte.

— Que assim seja! Que assim seja! — disseram os assistentes do Logos Solar.

— Porque assim será! — exclamaram os engenheiros siderais, já prontos para executar as ordens do grande Ser Cósmico.

— Porque assim será feito — disse o Logos Solar, iluminando com a Sua infinita luz toda a confraria reunida. — Nunca esqueçam, amados filhos do Meu Ser. Não pode haver vida objetiva nem evolução em todo o universo manifestado, sem que seu protótipo se forme no espaço. Assim, os asteróides a que ficou reduzido o planeta Erg, num futuro distante irão se condensar para formar o globo onde se processará a evolução, tendo o planeta Terra como seu satélite, na quinta cadeia desse esquema recém-formado.

Acontecimentos dessa magnitude não devem ter ocorrido exatamente como foram descritos, mas por falta absoluta de entendimento das nossas mentes falíveis e limitadas, somente é possível relatar fatos transcendentais, para os quais os parâmetros humanos não fazem o menor sentido, com uma linguagem adequada aos nossos padrões de inteligência.

As estrelas desmaiaram no infinito apagando suas luzes, que aos poucos se extinguiram, deixando a Grande Confraria Cósmica em seu estado de imanifestação.

10
Planeta Vênus

O planeta Vênus, situado entre Mercúrio e a Terra, chamado também de estrela da manhã e pelos povos antigos de Lúcifer (o portador da luz), gasta 224 dias e 7 horas para realizar sua rotação em torno do Sol, girando sobre si mesmo. Seu diâmetro é igual ao da Terra, cerca de 12.700 quilômetros, sua distância do Sol é de cerca de 108 milhões de quilômetros, e recebe duas vezes mais calor do que a Terra.

Foi nesse astro que os ergs pousaram seus barcos aéreos, na parte central do planeta. Hylion olhou em torno e observou as extensões enormes, de vegetação rasteira, que cercavam o local do pouso, uma verdadeira ilha, sem aparente comunicação com a planície, separada por caudaloso rio, o que a tornava de difícil acesso.

Hylion não pôde deixar de sorrir, ao constatar que após alguns séculos sem visitar Vênus, o planeta apresentava condições de vida mineral e vegetal, depois de terem restaurado toda a camada de ozônio.

Aos poucos os fugitivos de Erg foram descendo de seus barcos aéreos, e com olhares curiosos examinavam a região. Hylion, sua filha Thessá e Albiom tinham sido os primeiros a desembarcar, logo seguidos por Zukov, Agazyr e Gabor.

— Este é o lugar! — disse o imperador, depois de observar atentamente a área em que se encontravam. — Aqui edificaremos nossa nova Kendom Silá!

Nas outras naves, os ocupantes já haviam desembarcado e vieram juntar-se ao pequeno grupo de ergs. Da grande raça L, da adiantada civilização pertencente à Grande Confraria Cósmica, somente quarenta e dois representantes sobreviveram à catástrofe.

— Seja feita a vontade do Grande Pai, jamais a nossa — e Zukov, o mago cientista, caiu de joelhos, em prece, mãos unidas em frente ao peito.

— Que assim seja — disse Agazyr.

— Assim será — apressou-se a dizer Hylion, seguido em coro por Albiom, Thessá e mais alguns ergs que estavam por perto.

Essa singela oração era em agradecimento pela graça de terem sobrevivido e, ao mesmo tempo, dirigida ao planeta que

Erg - O Décimo Planeta

os acolhera.

— Por onde começaremos, meu imperador? — perguntou Zukov.

Hylion, sempre muito calmo e ponderado, tomou a palavra e começou a dar suas primeiras ordens ao reduzido povo de Erg em seu novo planeta, seu novo lar.

— Desejo inicialmente que seja construída nossa nova Kendom Silá. Mas vamos, antes de tudo, desfazer-nos de nossos corpos físicos, pois somente em casos excepcionais precisaremos deles. Em segundo lugar, devemos despertar os thugs lentamente e colocá-los em várias regiões do planeta, principalmente onde haja primatas, que acredito existirem. Os acasalamentos terão que ser efetuados de forma racional e seguindo as diretrizes dos nossos cientistas. Thessá e Albiom realizarão esse trabalho, junto com os três biólogos que estão conosco.

— Zukov, meu bom amigo — disse, colocando as mãos carinhosamente em seus ombros —, fica a teu critério e encargo a organização do mundo astral do planeta, que deverá ser adaptado às nossas condições, sem esquecer nossos irmãos que desencarnaram na explosão de Erg e se encontram nesse plano, inconscientes, em estado de vida suspensa.

E virando-se para Agazyr:

— Teu trabalho será mais árduo, terás que ir aos poucos corrigindo as distorções afetas à evolução da nova raça que estamos criando, ensinando a essa incipiente humanidade, lentamente, as leis que regem todo o Cosmo.

Quando Hylion se referiu à organização e adaptação do mundo astral de Vênus, queria lembrar ao mago cientista Zukov que eles, seres racionais e pensantes, iriam plasmar nesse plano seus desejos e emoções, qualidades ou defeitos de que ainda não estavam livres e que seriam absorvidos por todos aqueles que vivessem nessa dimensão de consciência, portanto uma missão importantíssima.

Todas essas instruções de Hylion, trabalho gigantesco que nossa moderna civilização levaria alguns séculos para realizar, aquela raça elevada espiritual e cientificamente pôde concretizar em torno de quatro anos. Nesse curto espaço de tempo, Kendom Silá já estava edificada, isolada do resto da planície pelo rio caudaloso que fora canalizado para utilização da cidade de cristal.

Os thugs, orientados por Agazyr e seus sacerdotes, começavam a se acasalar com as fêmeas existentes no planeta. Lentamente, esses cruzamentos foram cientificamente organizados. Uma seleção rigorosa, efetuada pelos biólogos comandados por Thessá, que ia periodicamente atuando no genoma e no DNA dessa nova raça, visando o aprimoramento evolutivo, que com o correr dos anos derivaria para seres humanóides.

Albiom colaborava efetivamente para o crescimento, adaptação, e progresso mental dos thugs, corrigindo os retrocessos e procurando, em cada região do planeta, levar esses novos seres até seu aproveitamento máximo. Isto era feito após cada intervenção genética, realizada nos grupos que mais se destacavam. Alguns dos mais adiantados dessa nova raça foram inseminados artificialmente pelos ergs, que voluntariamente se propuseram a esse experimento científico. Então começaram a aparecer humanóides, que com a evolução do projeto, aos poucos começaram a se assemelhar aos seus criadores.

A evolução dessa nova raça, no planeta Vênus, ocorreu no sentido totalmente oposto ao verificado no planeta Terra, sempre orientada pelos ergs, que passaram a ser vistos como deuses. Vênus não conheceu a luta pela existência, a seleção natural; a sobrevivência do mais forte jamais aconteceu. As lutas pela conquista dos territórios, pelos acasalamentos, pela alimentação, enfim, toda e qualquer disputa era analisada pelos ergs, e qualquer anomalia era imediatamente suprimida. Essas primeiras humanidades, se é que se pode usar essa denominação, eram monitoradas em todos os sentidos. Foram paulatinamente introduzidas na mente rudimentar dos thugs as primeiras qualidades éticas e morais, ensinadas por meio de exemplos e palavras simples: a Lei do Grande Pai e Seu amor infinito para com todos, mostrando que a existência deles era conseqüência do amor desse Infinito Ser, a quem deveriam cultuar e obedecer. A grande ascendência dos ergs foi preponderante para que a evolução se processasse sem retrocessos ou avanços desmedidos. Eram considerados como deuses e cercados de grande mistério. Nas poucas vezes em que foram vistos,

Erg - O Décimo Planeta 69

sempre provocavam temor e veneração, sentimentos que costumavam alimentar para conseguir com mais facilidade seus objetivos.

Qual um oceano tranqüilo, sem tempestades, a evolução dessas primeiras humanidades foi sempre obediente às leis preconizadas pelos ergs. Serenamente caminharam na larga estrada da evolução mental e espiritual, sem jamais se perder nos atalhos das contendas ou disputas por um lugar ao sol.

Os séculos se sucederam na contagem do tempo do planeta Vênus. Grandes progressos haviam sido feitos, e essa humanidade já havia saído do estágio animal para o racional.

Quando falamos em séculos e encontramos os personagens desta história ainda atuantes, é porque os ergs não conheciam aquilo que chamamos de morte, e renovavam sua energia vital pelo poder do pensamento.

Finalmente, decorridos evos sem conta, o estágio espiritual aconteceu, ficando a cadeia de evolução de Vênus em condições de abrigar os primeiros homens espiritualizados, que adoravam seus deuses, os ergs. Com o avanço espiritual progressivo, não demorou muito para que, por meio do conhecimento, atingissem um patamar superior, e os primeiros adeptos começaram a oferecer as luzes de sua sabedoria, fundando no planeta sua primeira confraria, os primeiros templos da Luz Imortal.

As rondas e as raças raízes se sucederam, e quando essa vaga de vida hominal chegou ao estágio super humano, o povo de Erg começou a pensar na hipótese de nova migração, e que já era o momento de abandonar o planeta que os acolhera.

— Kendom Silá já cumpriu seu destino, deu o que tinha de melhor como pagamento pela hospitalidade fraterna de que todos nós desfrutamos — disse Hylion, encarando Zukov, sentado a sua frente.

— Sim, meu imperador, nesses séculos todos, nenhum pé profanou o solo de nossa cidade sagrada.

— É verdade, meu amigo. Sei que o Espírito Planetário de Vênus continua adotando como seu filho menor o Espírito Planetário da Terra.

— Sim, meu imperador; durante todo o tempo em que atuei no plano astral desse planeta, pude constatar isso, como também consegui que um terço da energia que Vênus recebe do Sol fosse enviado para energizar o globo terráqueo.

— Isso provocou um avanço espiritual, lento, eu sei, mas efetivo para o Espírito Planetário terrestre, não é assim?

— Foi o que realmente aconteceu.

Houve um ligeiro silêncio: pareciam estar mergulhados em seus próprios pensamentos. Zukov então perguntou:

— A propósito, o grande sacerdote Agazyr esteve em sua presença?

— Não, por que pergunta?

— Ele me falou em sérios... não importa, ele está chegando — disse Zukov, levantando-se para abraçar Agazyr.

O sumo sacerdote mal teve tempo de saudar o imperador Hylion. Visivelmente agitado, entrou sem qualquer preâmbulo no assunto:

— Meu imperador, tenho sentido algumas interferências vibratórias no mundo astral. Aliás, nosso grande mago Zukov também as percebeu. Depois de termos discutido arduamente essa anomalia, chegamos a algumas conclusões.

— Que conclusões seriam? — perguntou Hylion, olhando de maneira interrogativa para os dois.

— Não temos ainda certeza absoluta — disse Zukov —, porém...

Foi interrompido por Agazyr.

— Senhor, acreditamos que essas interferências vibratórias são provenientes de um astro de fora de nossa galáxia.

— De um universo paralelo ao nosso? — havia estupor na fisionomia de Hylion.

Foi a vez de Zukov responder:

— Sim, meu imperador. Não temos ainda plena certeza, mas acreditamos que o imperador de Morg seja o responsável por essas interferências vibratórias.

— Rakasha, o Inefável! — foi o que conseguiu dizer Hylion.

11
Os jardineiros cósmicos

Precisamos mais uma vez recuar no nosso tempo terrestre e nos reportar às primeiras épocas dos ergs no planeta Vênus.

Após a edificação da nova Kendom Silá, os cientistas começaram a explorar todos os planetas do Sistema Solar. A primeira grande obra de engenharia cósmica foi realizada sob a orientação do mago Zukov. Um satélite artificial oco foi colocado em órbita de Marte, com rotação anti-horária, a fim de equilibrar o planeta, que com a explosão de Erg teve seu eixo deslocado, com uma inclinação bastante acentuada, de mais de quarenta graus.

Somente após essa importante obra de engenharia galática, começou a exploração do planeta azul, a Terra. Por ordem de Hylion seis cientistas começaram esse trabalho.

— Com essa crosta ainda recém formada e castigada por erupções vulcânicas, vai ser difícil formar e manter a vida vegetal — disse o chefe da expedição, Turebe, engenheiro galático, examinando o solo do planeta.

— Como esquenta esta roupa! — exclamou o outro cientista, batendo as mãos enluvadas uma na outra.

O uso da roupa pressurizada era imprescindível, em decorrência das emanações sulfurosas dos vulcões em atividade. Como ainda não podiam utilizar o plano astral do planeta, os ergs tinham que realizar essas experiências em corpo físico.

— Vamos observar a região Sul do planeta. Talvez lá possamos encontrar algum tipo de vida vegetal — disse Turebe, entrando em sua nave, que em minutos chegou ao local desejado.

Com extrema paciência, examinando cada pedaço de terra, pois nessa parte do planeta a crosta se apresentava mais consistente, foram aos poucos encontrando vegetação rasteira de folhas simples, outras maiores ainda em formação.

Foram horas sem fim, selecionando, reunindo os incipientes vegetais por grupos, ordens, gêneros e famílias, para depois ser pulverizados por uma espécie de regador com jatos de poeira luminosa, que envolvia toda a planta. Outros dois cientistas introduziam as plantas numa caixa quadrada, onde permaneciam durante o período necessário até a caixa começar a brilhar, emitindo um som estridente e agudo.

— O ponteiro indica que suportou doze emissões de infra-sons — disse Gavotac. — Já deve ter provocado o efeito que desejávamos.

— Quantas novas espécies? — perguntou outro cientista, aproximando-se da caixa brilhante.

— Com esta já são 738 — respondeu Gavotac, abrindo a caixa com o máximo cuidado.

As explorações e experiências pelo planeta Terra continuaram, com a Operação Reino Vegetal. Durante alguns anos, o plantio e reflorestamento foi feito paulatinamente. Afinal os cientistas empenhados nesse trabalho já não mais necessitavam de vestes especiais, pois a atmosfera, com o reino vegetal evoluindo, havia se modificado.

Albiom fora nomeado diretor da Operação Reino Vegetal. Após dez anos ininterruptos nesse trabalho, como o reino mineral definido, a crosta terrestre já oferecia condições para a proliferação do reino vegetal, desde as plantas mais simples até arbustos e árvores plenamente desenvolvidas. Foram realizados vários experimentos com excelentes resultados.

— Já podemos, num futuro próximo, pensar na vida animal do planeta — disse Albiom para Gavotac, que observava uma extensa região onde floresciam inúmeras árvores frutíferas.

— Concordo. Fizemos um ótimo trabalho — disse, olhando ao redor.

— Sem dúvida. Um ótimo trabalho — repetiu Albiom.

— E quanto ao projeto Marte?

— Já existe um grupo de cientistas biológicos trabalhando nesse projeto.

— No plano astral de Marte?

— Sim, e no plano astral de Mercúrio também. Essa operação está sob a direção do mago Zukov.

— O que foi isso? — perguntou de repente Gavotac.

Por um momento, ambos sentiram como se uma descarga elétrica os tivesse atingido.

— Não sei — conseguiu dizer Albiom, ainda meio assustado. — Tive a impressão de que o céu se abriu e um jato de energia elétrica me atingiu.

❊ ❊ ❊

Pouco antes da destruição final de Erg, anterior a esses

projetos que relatamos, vamos encontrar o imperador Rakasha e seu braço direito, o comandante Rana, observando próximo a sua nave, em um pequeno aparelho portátil, semelhante às televisões modernas, cenas que se passavam em vários pontos do planeta invadido.

— Parece que a vitória final está próxima, Inefável imperador, senhor da vida imortal — disse o bajulador Rana, desviando por um instante os olhos da tela.

— Já não é sem tempo — limitou-se a dizer o Inefável, ignorando o elogio e voltando atento a examinar seu aparelho. — A região Norte ainda resiste — e completou a frase com uma maldição.

— Não demora, meu senhor, a cair essa última resistência.

— Quem é o governador da região Norte? — perguntou o Inefável.

— Ratinov — respondeu sem titubear o comandante Rana.

— Por que demora tanto essa rendição?

— Estão usando aquele maldito aparelho que desaloja nossos irmãos das mentes já ocupadas. Por essa razão, grande quantidade de morgs desaparece, dificultando nossa conquista.

— Nossos cientistas não encontraram ainda uma maneira de neutralizar essas máquinas?

— Não, Inefável, mas muito em breve conquistaremos esse planeta — disse Rana com convicção.

— É muito conveniente que isso aconteça no menor tempo possível — o imperador estava muito irritado.

— Observe, senhor — disse Rana, saindo desse terreno perigoso e apontando a tela do seu aparelho —, os selvagens das montanhas foram todos destruídos, bem como as construções, à margem da floresta, que os ergs em fuga deixaram para trás.

Nesse exato momento, o solo tremeu e surgiram alguns clarões no horizonte, seguidos de várias explosões. Rápido, Rana focalizou no visor a região Norte, e o que viu causou-lhe o maior pânico.

— Depressa, vamos sair daqui sem demora!

— Que foi, Rana? O que houve? — o Inefável, aturdido pelos gritos de seu comandante, ficou parado, sem entender nada.

— Os insanos ergs começaram a utilizar o átomo desdobrado! Eles não entendem que usando essa fissão atômica podem destruir a si próprios e todo o planeta! Rápido! Não temos tempo a perder! — e quase empurrando o Inefável, entrou com os outros dois oficiais no seu barco aéreo.

O comandante Rana, acionando a alavanca de fótons, colocou num segundo a nave no hiperespaço, após um leve solavanco, resultado da explosão nuclear ocorrida. Rapidamente alcançaram o corredor dimensional entre o buraco negro e o branco, pousando logo em Morg.

Mal haviam desembarcado, o Inefável convocou uma reunião para avaliar os últimos acontecimentos, com poucos cientistas eminentes, de vez que os mais importantes membros dessa civilização haviam sido destruídos com a explosão do planeta Erg.

Não nos esqueçamos de que a explosão nuclear que estilhaçou o globo físico de Erg destruiu as contrapartes hiperfísicas do planeta. Quando atingiu o plano astral, desorganizando-o, concomitantemente também extinguiu os corpos astrais dos morgs, que entraram num estado conhecido como vida suspensa.

O Inefável saudou apressadamente os oito cientistas galáticos e os três magos astrólogos, convocados pelo comandante Rana, também convidado a participar desse encontro de emergência.

— Estamos reduzidos a um terço de nossa raça — começou o imperador — e precisamos imediatamente, sem projetos ou estudos, tomar providências efetivas quanto nosso futuro. Precisamos de ação e não de palavras. Com a explosão do planeta Erg, também sofremos o efeito desse desastre cósmico, que inclinou o eixo de nosso planeta, com resultados imprevisíveis, e aumentou a deficiência de energia vital. Por todas essas razões, concluí que devemos abandonar nosso planeta o mais rápido possível.

— Acredito que falo em nome de todos — começou o mago maior Jonatar. — A primeira providência é encontrarmos outro planeta, em um universo paralelo ao nosso, que possua um plano etérico e astral análogo, ou então adaptar as nossas vibrações a densidades idênticas às desses planos.

Erg - O Décimo Planeta

— Isso é possível, Jonatar?

— Sim, Inefável.

— Podemos conquistar e assumir os sete subplanos, tornando-os exclusivos, para que neles habite nosso povo?

— Mas de certo, Inefável. Porém, isso demandará algum tempo aparente. Embora para nós isso não exista, ainda assim levará um determinado período daquilo que conhecemos como nosso tempo.

— O que será feito dos habitantes desses sete subplanos, se nós os ocuparmos de forma exclusiva? — perguntou o imperador com interesse.

Quem respondeu foi Rana, sem qualquer indecisão:

—Serão eliminados!

Os outros cientistas e magos foram unânimes em suas opiniões, que coincidiam com a do comandante Rana.

O Inefável levantou-se de sua poltrona da cristal, e dirigindo-se a Jonatar, ordenou:

— É meu desejo que encontres esse planeta e desde já comeces a trabalhar na adaptação de seus planos etéricos e astrais e, se possível no plano mental — e, sem mais uma palavra, dissolveu como por milagre, no ar, toda a assembléia e seus participantes.

12
A volta do Inefável

Hylion esperava Zukov e Agazyr para uma conversa privada, observando da janela do salão de audiências o panorama que se descortinava para além do rio que circundava Kendom Silá. Perdia-se no horizonte a imensa pradaria, que terminava numa cadeia de montanhas, que pareciam espetar o céu com seus picos agudos. A tarde esmorecia, tingida por esparsas nuvens arroxeadas, pinceladas sobre o azul que começava a desmaiar na noite que se avizinhava.

— Salve, imperador! — saudaram os dois cientistas, sentando-se nas poltronas de cristal, a convite de Hylion.

Queremos lembrar ao leitor que quando os ergs se reuniam

na cidade de Kendom Silá, criavam um corpo físico. A portentosa e bela cidade de cristal já se encontrava construída no mundo etérico de Vênus.

Sem mais delongas, Hylion entrou no assunto que o preocupava:

— E então, alguma novidade sobre as descargas elétricas, que, me parece, aumentaram consideravelmente?

— Descobrimos, eu e Zukov, a origem dessas vibrações.

— Descobriram?

— Sim, meu imperador — disse Agazyr —, são provenientes de Morg e, infelizmente, mais preocupantes do que parecem.

— Preocupantes?

— Preocupantes e perigosas — e Zukov remexeu-se na poltrona.

— Perigosas em que sentido?

— Foi por intermédio dessas vibrações que os morgs puderam encontrar esse planeta, que hoje habitamos. Eles mandaram essas vibrações para todo o Cosmo, e por um efeito de ressonância que ainda não entendemos completamente, conseguiram atingir seus objetivos.

— Verificamos — disse Zukov — que a nota tonal dessa vibração é idêntica ao som do planeta Vênus; por essa razão, penso que assim pôde ser encontrado esse planeta. Talvez seja apenas uma teoria, mas dentro da lógica faz sentido.

— Vamos aos fatos! O mundo astral de Vênus está ocupado por alguns morgs, egressos do seu planeta natal. Agora estão procurando se instalar nos subplanos superiores, para ali fazer sua morada. Que providências podemos tomar para impedir essa invasão? — perguntou Hylion, preocupado.

— Temos a chave para impedir essa invasão — disse Zukov. — Eles vieram com o firme propósito de eliminar todos que vivem nesse plano. Foram, porém, impedidos pelas vibrações do Espírito Planetário venusiano e alijados para o Umbral, onde se encontram no momento. Porém, continuam enviando vibrações bastante densas, com a aparência de descargas elétricas, que incidem em todos os planos, astral, etérico e físico do planeta.

— Eles têm condições de sair do Umbral e atingir os outros subplanos?

— Achamos que sim — respondeu Agazyr, com um ar de preocupação.

— Por meio dessas densas vibrações, podem atuar em todos os sete subplanos — disse Zukov.

— Então, o problema é muito mais grave do que imaginei. — disse Hylion, pensativo.

— Sim, mas eu e Zukov concluímos que poderemos enfrentá-los e sujeitá-los a nossa vontade, sem lutas, mortes ou aniquilações, que tanto abominamos.

— De que maneira?

— Como meu imperador bem sabe — começou Zukov —, por meio de nossa força mental, criadora, podemos separar o desejo da mente.

— O binário *Kama-Manas*.[6]

— Exatamente, senhor. Enquanto a mente se unir ao desejo, esse binário existirá. Porém, quando a mente se desligar completamente dos desejos, estaremos libertos do plano astral e realizaremos nossa evolução no mundo imediatamente superior, o mental concreto. Para isso, bastaria nos reunirmos e focalizar nossa vontade criadora no plano mental, eliminando, pelo mesmo processo, todos os desejos e quaisquer outros sentimentos. Afinal, restaram muito poucos ergs, e todos se encontram em um patamar evolutivo bastante avançado, o que possibilitará realizarmos essa operação mental — concluiu Zukov.

— Compreendo aonde querem chegar. Porém, se usarmos nossa vontade criadora, não estaríamos conseguindo um progresso espiritual anômalo, contrariando a evolução normal do indivíduo e do coletivo? Se o avanço é progressivo, de acordo com méritos e deméritos de cada um, como podemos, de uma hora para outra, alterar esse processo natural, e nos arvorar em juízes e donos da Lei Maior, em oposição a tudo aquilo que aprendemos durante esses séculos todos?

Hylion, depois desse longo discurso, calou-se, imitado pelos outros dois. Após algum tempo, o mago cientista quebrou o mutismo.

— Acho que o senhor tem toda a razão. Não havia aborda-

---

6 Kama: desejo, sentimentos e paixões (corpo astral). Manas: a mente (corpo mental).

do a questão por esse prisma — disse Zukov.

— Digam-me ainda, meus amigos, e as entidades de Vênus que habitam o plano astral, o que será feito delas, entregues à sanha de destruição dos morgs? — perguntou Hylion.

— Então a guerra será inevitável. — respondeu Zukov.

— Não acho justo — retrucou o imperador. — A guerra é totalmente contrária aos nossos princípios.

— Creio, infelizmente, ser o único caminho que nos resta — disse Zukov.

Agazyr, calado, parecia concentrado em alguma idéia. Após um silêncio momentâneo o sacerdote começou a falar, a princípio de forma tímida, titubeante, mas logo com bastante firmeza.

— Acredito, senhores, que cheguei a uma... uma... conclusão... definitiva...

— Qual? — perguntaram ao mesmo tempo Hylion e Zukov.

— Em primeiro lugar, mandaríamos um emissário parlamentar com o imperador Rakasha, apresentando nossas propostas.

— Que propostas seriam essas? — indagou Hylion.

— Faríamos ver ao imperador dos morgs que o mundo astral de Vênus, para ser conquistado, demandaria muita luta, com perdas irreparáveis, tanto para eles como para as entidades de grande evolução, que visando o progresso da humanidade de Vênus, optaram por fazer desse plano sua morada.

— A lógica nunca foi o forte dos morgs — disse Zukov, pessimista.

— Creio também que não funcionaria — Hylion acompanhou o mago na descrença.

— Mas ainda não concluí nossa proposta.

— Ainda há mais? — indagou o imperador.

— Muito mais — disse Agazyr sem se perturbar —, ofereceríamos o mundo astral do planeta Terra, previamente preparado para recebê-los, sem qualquer obstáculo e ainda com o aval dos dirigentes planetários.

— E se eles não aceitarem? — questionou Hylion, consultando Zukov com um olhar.

— Acredito que aceitarão — disse Agazyr.

— Por que dizes isso com tal convicção? — perguntou o imperador, ainda não de todo convencido.

— Porque, ao se envolver com os habitantes do mundo astral do planeta Terra, enfrentarão duas escolhas inevitáveis: ou dominam e conquistam esse plano, o que não é do planejamento, que conhecemos, dos dirigentes siderais, ou, envolvidos pela magia negra daqueles habitantes, para poder realizar suas nefandas práticas, cairão na "heresia da separatividade",[7] sendo então obrigados a encarnar nas primeiras raças desse globo em evolução. Quanto mais facilidades tiverem os morgs, mais pensarão que estão atingindo seus objetivos.

— É a única solução? — indagou Hylion.

— A única! — exclamaram juntos Zukov e Agazyr.

— Confio os detalhes dessa missão aos senhores. Uma pergunta apenas: quem mandaríamos parlamentar com o imperador dos morgs?

— Eu e Zukov — disse Agazyr — seremos considerados suspeitos. Acreditamos que seria conveniente enviar alguém neutro, mas de nossa inteira confiança.

— Quem seria?

— Albiom — respondeu Agazyr, sem pestanejar —, e para ser mais convincente ainda, Thessá o acompanharia.

— É muito perigoso expor minha filha. E se sair alguma coisa errada?

— O que poderia sair errado? — perguntou Zukov.

— Não sei, vou pensar no assunto — disse Hylion.

— Perdoe minha impertinência, meu imperador, mas é necessário decidir bem depressa — disseram Zukov e Agazyr.

❄ ❄ ❄

O planeta Vênus encontrava-se ao final de sua sétima sub-raça, da sétima raça-raiz ou raça-mãe. A grande maioria de sua humanidade havia atingido o grau de Adepto da Grande

---

7 Ao leitor não versado em esoterismo, esclarecemos que a "heresia da separatividade" ocorre quando o ego, por excesso de orgulho e maldade desmedida, desliga-se do "eu superior" — formado pelos corpos espiritual, intuicional e mental abstrato — respectivamente átmico, búdico e causal —, unindo-se à personalidade, como se esta fosse a única realidade existente.

Confraria Cósmica, enquanto o planeta Terra estava no final de sua terceira raça-raiz, a dos lemurianos.

Várias entidades de orbes adiantadíssimos do Cosmo, como seres das Plêiades, da constelação de Órion, de Sírius, da constelação do Cocheiro, ou seja, de Capela, e uns poucos cientistas de Erg, que voluntariamente se apresentaram para essa missão, foram enviados ao planeta Terra, para lá se unirem aos habitantes terrenos a fim de acelerar a evolução no planeta. Esse fato prova que somos filhos das estrelas, o que veio posteriormente a ser confirmado quando da encarnação em massa dos ergs e, posteriormente, dos morgs.

Albiom e Thessá haviam se dirigido ao Umbral do planeta Vênus, para parlamentar com o Inefável imperador Rakasha. Enquanto isso, o mestre Aramu-Muru, acompanhado por três discípulos, chegava a Kendom Silá, e solicitou uma audiência com o imperador Hylion.

— Salve, imperador, meu eterno mestre! — Aramu-Muru inclinou ligeiramente a cabeça, unindo as palmas das mãos em frente ao peito, no que foi imitado pelos três discípulos.

Hylion convidou seus ilustres visitantes a sentarem-se.

— Mestre Aramu-Muru, a que devo a honra de tão importante visita?

— Chegou o momento de realizarmos pelo planeta Terra o que vosso povo fez outrora por Vênus, possibilitando que atingíssemos o estágio evolutivo em que agora nos encontramos.

— Fizemos apenas aquilo que a grande Lei determina — disse Hylion, modestamente.

— Toda a humanidade de Vênus deve seu estágio atual de evolução aos ergs. Somos filhos de vosso amor, raça que criastes, ensinando-a e velando os seus primeiros passos. Hoje, de joelhos em prece, agradecemos tudo o que recebemos de vosso povo bendito.

— Sou apenas um humilde servidor do Grande Pai — Hylion tinha os olhos úmidos.

— Vim a vossa presença, obedecendo à ordem dos dirigentes planetários, revelar-vos que Sanat Kumara, em sua glória eterna, que até hoje pertencia ao governo oculto de Vênus, fraternidade de que todos nós participamos, servindo à gran-

Erg - O Décimo Planeta

de Lei Cósmica, dirigiu-se voluntariamente, com duzentos e cinqüenta discípulos, ao planeta Terra, a fim de dotar a sua humanidade de um corpo mental. Em Vênus, à frente de nossa fraternidade, permanecerá o "Vigilante Silencioso", até que a Terra, após atingir sua maioridade, fique sob a orientação do seu Espírito Planetário, totalmente desperto e independente do Espírito de nosso planeta.

— É uma obra gigantesca! — exclamou Hylion, que escutara atento as palavras de Aramu-Muru.

— Concluído esse trabalho — prosseguiu o mestre —, eu e vinte e cinco discípulos iremos para o planeta Terra, precisamente ao continente de Mu, a fim de começar nossa missão, instalando ali o primeiro Templo da Luz Divina.

— Temo pelo sucesso dessa missão. Para impedir a ação dos morgs em nosso planeta, oferecemos a eles o mundo astral da Terra, como opção para expurgá-los do Umbral de Vênus, onde se encontram.

— Não tenha receio algum, mestre Hylion, já está programado e decidido, como conseqüência do carma que povoaram e certamente ainda irão causar, que essa raça deverá encarnar no continente da Lemúria.

— Fico bastante aliviado com vossas revelações — e Hylion suspirou fundo.

— Mas a verdadeira finalidade de minha visita, mestre, diz respeito ao futuro do povo de Erg.

— O futuro, irmão?

— Sou apenas um porta-voz das grandes inteligências siderais. Todo o seu povo foi agraciado e nomeado membro do Universo Teta, o Universo pensamento. É desejo dos dirigentes cósmicos que abandoneis este planeta, pois completastes com mérito vossa missão. Porém, ainda não terminou vosso encargo. Deveis reunir todo vosso povo, o que restou da raça erg, e ir para o centro da galáxia, mais precisamente, ao planeta *Colope*, onde outra missão vos espera: amparar e guiar indiretamente os destinos da humanidade terrena. Daqui a milhões de *evos*, quando o povo da Terra tiver alcançado sua maioridade, terá então chegado o momento de unir-se a eles e atuar de forma efetiva no corpo intuicional de toda a humanidade terrena.

Após vossa partida para *Colope*, o globo físico de Vênus entrará em obscurecimento e a vaga de vida, em todos seus reinos, passará para nova cadeia de evolução. Esse será seu maior argumento, que poderá ser usado para convencer os morgs a se retirar pacificamente do plano astral do planeta.

— Agradeço vossas orientações, que serão cumpridas fielmente. Mas é meu desejo que leveis para o planeta Terra o disco solar de ouro, que vos será de grande utilidade.

— Assim farei, mestre Hylion. Que a grande Lei se cumpra! — exclamou Aramu-Muru, despedindo-se.

Um brilho intenso, de um branco cristalino, envolveu todo o salão de audiências de Kendom-Silá; um odor suave de rosas ficou pairando no ar, e uma estrela dourada brilhou por sobre a cabeça descoberta do imperador Hylion. Uma voz que vinha do alto se ouviu: "Já não sois mais, desse momento em diante, um *eu* pessoal, uma personalidade, Hylion, assim como todo vosso povo. Agora sois um com o Grande Ser, sois todos um com os dirigentes planetários. Que a Luz Eterna do Logos esteja presente com Sua glória infinita em vossos 'eus' verdadeiros e que se faça sempre Sua vontade, jamais as vossas.".

A voz emudeceu, a luz intensa deixou de brilhar, e o corpo físico criado por Hylion tornou-se transparente, logo depois brilhante e luminoso, como se dentro dele houvesse uma luz.

13
Expurgo compulsório

Devemos outra vez recuar no nosso tempo terrestre e relatar o que aconteceu por ocasião da explosão de Erg. Tanto os habitantes desse planeta, que desencarnaram em conseqüência da hecatombe nuclear, como os morgs, causadores indiretos da destruição total do planeta, foram encaminhados pelos dirigentes planetários para os mundos astrais dos planetas Vênus e Terra, respectivamente, permanecendo em estado de vida suspensa por *evos* sem conta.

É fácil compreender por que os morgs foram para o mundo astral do planeta Terra e os ergs para o de Vênus: esse aconte-

Erg - O Décimo Planeta

cimento fazia parte do plano já elaborado pelos dirigentes planetários, para a posterior povoação e o avanço evolutivo desses dois planetas.

Os ergs, em um futuro ainda muito distante, após ter percorrido os sete subplanos astrais do planeta Vênus, deveriam ser encaminhados ao plano astral da Terra, durante o período da grande Atlântida, fato ocorrido há um milhão de anos atrás, para povoar esse enorme continente. Aos morgs, por efeito de carma, caberia encarnar ao final da terceira raça-raiz, a chamada raça lemuriana, ocupando aqueles corpos toscos e embrutecidos, para, como resgate, possibilitar os primeiros passos evolutivos dessa humanidade nascente.

Na época em que começaram os grandes expurgos e migrações das constelações de Capela, Sírius e das Plêiades, em diferentes períodos, se encaminharam para diversas regiões do globo terráqueo seis milhões de morgs, egos de arquétipo de cor alaranjada, para o continente da Lemúria; três milhões de egos, de arquétipos de cor dourada, os provenientes de Capela, Sírius e Plêiades, para a grande Atlântida; concluindo essa migração, três milhões de egos de arquétipo de cor rosa, os ergs, encarnaram na raça Tolteca. Sem contar com os seres de Orion, que já se encontravam há séculos nesse planeta.

No período desta história, diversos esquemas de evolução encontravam-se em construção. Isso possibilitava a comunicação entre os mundos astrais das cadeias, que dificilmente acontece nos dias de hoje. Mais uma vez, a justiça divina foi feita, e tanto os morgs como os ergs tiveram que provar da existência na matéria e desse ponto recomeçar sua longa caminhada em direção à libertação e à luz.

❈ ❈ ❈

O plano astral do planeta Vênus era, nessa época, totalmente diferente do planeta Terra, especialmente o Umbral. Lá seus habitantes desencarnados não alimentavam paixões e desejos exacerbados ou intensos, o que não dividia de forma acentuada os seus subplanos.

Pouquíssimos desencarnados ocupavam o Umbral, quando o Inefável Rakasha, com vinte e oito morgs, ali se instalou, desalojando os que ainda se encontravam nesse subplano, sem querer provocando um avanço evolutivo nesses venusianos. Para chegar até o mundo astral de Vênus, o Inefável teve que usar de técnicas de alta magia, mas ficou prisioneiro desse subplano, sem poder se deslocar à vontade por todo o mundo astral do planeta.

O Inefável, visivelmente irritado com a situação em que se encontrava, despejava invectivas contra tudo e todos, quando de súbito surgiram a sua frente Albiom e Thessá, enviados por Hylion.

— Grande imperador! Solicitamos vossa atenção.

O Inefável olhou demoradamente os dois emissários e, do alto de sua arrogância, vociferou colérico:

— Como ousam? Quem pensam que são?

— Simples emissários de nosso imperador — disse Albiom, humilde.

— Pensam que podem, a qualquer momento me importunar, adentrar meu castelo para me afrontar com propostas?

— Senhor! Grande imperador Rakasha, o Inefável! Suplicamos vossa mercê, para que nos permita transmitir aquilo que nos foi ordenado — disse Thessá suplicante.

O Inefável ficou longo tempo observando os dois emissários, imóveis a sua frente. Por fim, condescendeu em ouvir o que tinham a dizer.

— Senhor, nosso imperador vos faz a seguinte proposta: foi preparado o mundo astral do planeta Terra, a fim de que todos os morgs possam habitá-lo. O senhor levaria todos consigo e assim evitaria um confronto direto conosco. Além disso estaria livre para tomar posse dos sete subplanos do mundo astral terrestre. Temos por obrigação revelar-vos que Vênus entrará em obscurecimento, passando todos os seus sete reinos para uma outra cadeia. Por conseguinte, o mundo astral do planeta se tornará um deserto, sem nenhuma condição de abrigar qualquer tipo de vida, inútil portanto para os morgs — explicou Albiom.

O Inefável não respondeu logo, ficou olhando fixo para os dois e, quando se manifestou foi para perguntar:

Erg - O Décimo Planeta

— E se eu não aceitar a proposta de Hylion?

— Nesse caso, senhor, lamento dizer, haverá uma guerra, com resultados desastrosos para ambos os lados.

— Uma guerra! Um combate em que de antemão sei que sairia vencedor!

— Quem sabe? — Albiom deixou a pergunta no ar.

— Duvidas de minha força?

— Não, imperador — respondeu Thessá —, mas como disse Albiom, os resultados prejudicariam tanto os morgs como os ergs.

— Se eu aceitar essa proposta estarei livre para atuar em todo o mundo astral do planeta Terra?

— Evidentemente — respondeu de pronto Albiom.

— Como não confio nem um pouco no seu imperador, aceito, mas com uma condição.

— Qual? — perguntou Albiom.

— Levaria vocês dois comigo, até me certificar de que não existe por trás dessa proposta nenhum objetivo oculto.

— Como seus prisioneiros? — perguntou Thessá.

— Digamos, como meus hóspedes — respondeu o Inefável, com um sorriso sinistro nos lábios.

Nesse exato momento, após Rakasha dizer essas palavras, Albiom e Thessá sentiram-se presos por uma parede de energia pulsante que os circundava, separando-os do meio exterior. Tentaram atravessá-la mas foi em vão, e tudo o que conseguiram foi um cansaço enorme, inexplicável, pois ambos eram jovens, cheios de energia vital. Tentaram ainda usar o poder mental para dissolver o verdadeiro muro que se interpunha entre eles e o exterior mas não conseguiram. Uma sonolência foi aos poucos deles se apoderando, e logo caíram em sono profundo.

Quanto tempo permaneceram nesse estado de inconsciência, nunca conseguiram saber. Despertaram lentamente, e logo verificaram que não existia mais o cinturão de energia que os isolava do exterior. Já não se encontravam mais no luxuoso salão do castelo do imperador Rakasha, mas numa espécie de calabouço de teto alto, abobadado, com paredes nuas, sem janelas, e piso de lajotas escuras, que terminava numa porta de madeira maciça. O ambiente era enevoado, escuro, e estava mergulhado em um silêncio sepulcral.

— Onde estamos? — perguntou Thessá, ainda sonolenta.

— Não sei, amor — Albiom, meio atordoado, olhou em todas as direções, enquanto a moça aconchegou-se temerosa em seus braços.

Albiom agora estava bem lúcido e completamente desperto. Não perdeu mais tempo. Usando seus poderes, elevou suas vibrações, e num átimo fez desaparecer o calabouço. No mesmo instante encontrou-se com Thessá, no luxuoso salão, em frente ao Inefável.

Enquanto Albiom, destemido, enfrentava o Inefável, Zukov e mais três cientistas já se achavam frente a frente com o imperador dos morgs, que, pego de surpresa, não teve tempo de reagir.

— Sei que aceitaste as condições do imperador Hylion, portanto chegou o momento de ires com teu povo para o mundo astral do planeta Terra — foi logo dizendo Zukov.

— Com que autoridade fazem...

Foi interrompido pelo mago, que com brandura, mas de forma enérgica, respondeu:

— Com a autoridade dos espíritos solares e da Potestade que dirige o planeta Vênus.

O Inefável não respondeu. Parecia intimidado com a resposta de Zukov, mas após alguns minutos, decidiu-se:

— Concordo! Mas somente porque estou limitado a esse maldito subplano!

Zukov não pôde esconder um sorriso, ante a bravata do imperador, mas controlando suas emoções, disse:

— Podes partir no momento que quiseres. És livre de agora em diante em todo o mundo astral do planeta Terra.

— E quanto a Albiom e Thessá? — tentou jogar sua última cartada. — É minha única garantia de que irão cumprir o acordo.

— Ora, imperador! Sabes muito bem que tens a segurança e o aval dos dirigentes planetários e do Senhor de Vênus! Por acaso duvidas da honestidade de nossa proposta?

O Inefável, diante da atitude resoluta de Zukov e da lógica de sua argumentação, recuou da sua posição arrogante e obstinada.

— Seja! Cedo ante a imposição arbitrária e o poder que

Erg - O Décimo Planeta

87

exercem no momento — e frisou a palavra *momento*.

— Para nós pouco importa tua opinião. Não vim aqui discutir, mas cumprir ordens superiores — disse Zukov, olhando dentro dos olhos do imperador dos morgs.

O Inefável abaixou ligeiramente a cabeça em sinal de despedida, ou talvez desânimo, ao sentir que não poderia lutar contra forças muito mais poderosas. Resmungando uma praga ou uma invocação mágica, levantou o braço direito e em segundos fez desaparecer seu castelo e ele mesmo também, desvanecendo-se no ar.

❈ ❈ ❈

O mundo astral do planeta Terra ainda era palco de inúmeras modificações, sendo estruturado aos poucos. Restringia-se aos quatro subplanos inferiores. Seu Umbral predominava sobre os outros três, quando o Inefável chegou com vinte e oito morgs que agora constituíam todo o seu contingente.

Nem bem havia chegado, o Inefável logo construiu um suntuoso palácio de cristal, idêntico ao que possuía em Morg, e ali se instalou com seus cientistas e sacerdotes, a nata da sociedade que fugira da hecatombe de seu planeta natal.

Determinou, sem perda de tempo, ao seu braço direito, o comandante Rana, que despertasse por meio da tecnologia e da alta magia, a maior quantidade possível de morgs que se encontravam inconscientes, em estado de vida suspensa, nos subplanos inferiores. Era desejo do Inefável conquistar todo o mundo astral do planeta, mesmo que fosse preciso o uso da força, submetendo à sua vontade as entidades desencarnadas que habitavam esse mundo. Rana teria todos os morgs que precisasse sob seu comando, com carta branca para executar o plano diabólico, que consistia no domínio completo do planeta Terra.

14
A guerra nos céus

Hylion observava com interesse os acontecimentos que se desenrolavam no planeta Terra, orbe ainda em desenvolvimento, que sofreria um grande impulso evolucionário. O divino Sanat Kumara já instalara na Ilha Branca, no continente lemuriano, o primeiro Templo da Luz que abrigava a Confraria Branca, que no futuro iria conduzir os destinos de toda a humanidade terrestre.

Alguns séculos se passaram na tela mental de Hylion, que pôde aquilatar os últimos acontecimentos, que redundaram na ocupação pelos morgs do mundo astral do planeta Terra. Por meio de sua abrangente premonição, intuiu os fatos que iriam advir com essa ocupação, o que o fez intervir de forma indireta.

O comandante Rana, seguindo instruções do Inefável, havia despertado os morgs, que em estado de vida suspensa, encontravam-se no mundo astral do planeta Terra. Fazia parte dos planos do Inefável ocupar com todo o povo morg o planeta, iniciando seu completo domínio.

Em razão do acordo feito com Hylion, o imperador dos morgs tinha livre acesso a todos os subplanos, o que lhe possibilitou ampla liberdade de ação. Aproveitou então para trazer à vida astral todos os seus súditos. Porém, não contava o Inefável com a ação indireta de Hylion, que, com o aval dos espíritos solares, pôde usar a energia vital direta do Sol nos ergs que se encontravam em estado de vida suspensa no astral da Terra, despertando-os, e tornando-os aptos a reagir contra os usurpadores morgs.

A batalha no mundo astral foi terrível, e esse acontecimento foi narrado de forma alegórica e simbólica pelos vedas, sendo denominado de *Guerra nos céus entre os Suras e Assuras*.

A terceira raça-raiz, a lemuriana, foi a sombra brilhante dos deuses desterrados em nosso globo, depois dessa alegórica guerra nos céus, assim denominada por causa da incompreensão dos seres humanos atuais. Foi a luta entre o espiritual e o psíquico e o psíquico e o físico. Aqueles que dominaram os princípios inferiores, os ergs, subjugando o corpo, uniram-se aos "filhos da luz". Os que caíram vítimas de sua natureza inferior, os morgs, converteram-se em escravos da matéria, as primeiras sub-raças atlantes, onde encarnaram os primeiros "irmãos das sombras".O carma "nasce" com essa guerra nos céus, pois as humanidades primevas ainda eram inocentes e ig-

Erg - O Décimo Planeta

norantes do mundo exterior, ainda não tinham criado causas, por conseguinte, não tinham também colhido efeitos.

Nesse drama cósmico, não houve, como não podia deixar de ser, a menor interferência de Hylion ou dos dirigentes planetários.

É de suma importância termos em mente que o carma nada cria, nem projeta coisa alguma; o homem gera as causas, a Lei Cármica ajusta os seus efeitos, e isso constitui a harmonia universal.

Essa guerra só poderia ter um desfecho: a derrota do Inefável e seu povo, que foram alijados para o Umbral do mundo astral terrestre, onde entraram em um estado letárgico, esperando o momento de encarnar. Em decorrência da mesma Lei de Causa e Efeito, os ergs foram encaminhados para o Astral superior. Todas essas entidades encarnaram na grande Atlântida. Os oriundos de Morg juntaram-se aos espíritos exilados da constelação de Capela, enquanto os procedentes de Erg uniram-se aos que emigraram das constelações de Sírius, Plêiades e Órion, propiciando uma evolução ao continente atlante.

O Inefável, depois de vários séculos aprisionado nas camadas inferiores do Umbral, com grande sofrimento, mas sem perder seu orgulho desmedido, teve afinal que encarnar em condições adversas em Lanka, na época a capital principal da grande Atlântida. Prisioneiro da matéria, teria que escolher entre evoluir em direção à luz, ou involuir ainda mais em direção às trevas.

O carma resultante desse embate entre luz e sombra não criou, como nunca irá criar, conseqüências. O carma apenas equilibra e ajusta as causas e os efeitos, numa distribuição justa e equânime.

❀ ❀ ❀

Mais uma vez pedimos licença ao leitor para recuar no tempo, até a época da migração de Hylion, com o que restou de seu povo, para o centro da galáxia, no planeta *Colope*.

Hylion encarou sua filha Thessá, que acompanhada por Albiom, pedira para falar-lhe.

— Pai, quero pedir um grande favor — começou a moça.

— Pois pede, minha filha.

— Espero que compreenda o que tenho para dizer.

— Claro, minha filha — e o imperador sentou-se, convidando os dois a fazer o mesmo.

Thessá suspirou fundo, antes de começar, enquanto Albiom, de cabeça baixa, conservou-se mudo.

— É difícil explicar, pai, mas não gostaria de seguir para *Colope* — e a moça disse aquelas palavras de maneira abrupta.

Hylion suspirou, e remexeu-se em sua poltrona, antes de responder.

— Como? — conseguiu perguntar. — Será que ouvi direito? Não queres seguir para *Colope*?

— Isso mesmo, pai. Não é meu desejo ir...

Foi interrompida por Hylion, que surpreso e sem entender o pedido de sua filha, conseguiu dizer:

— Mas minha filha, recebemos um grande privilégio do Cosmo, dos espíritos solares, que nos fizeram membros do Universo Teta, do Universo real, ajudantes do supremo Logos Solar. Agora fomos alçados ao cargo de dirigentes planetários. E mesmo assim declinas dessa honraria e não desejas ir comigo para *Colope*?

— Sei disso tudo, meu pai, e fico feliz por ti.

— E então, filha! Diz-me, Thessá, o que pretendes fazer desobedecendo à vontade dos seres superiores?

— Seguir meu destino.

— Teu destino é o meu, o de toda a nossa raça!

— Estou plenamente consciente disso.

— Vamos, filha, vamos juntos para *Colope*!

— Eu gostaria muito, pode crer, meu pai.

— Não consigo entender tua atitude obstinada.

— Pai, embora saiba que esse caminho evolutivo representa a libertação total e a união com as inteligências cósmicas, acho que poderei ser mais útil não seguindo para o centro da galáxia. Quero poder servir diretamente os seres infelizes e inferiores do planeta Terra, que necessitam da minha ajuda.

— Indo para *Colope*, poderás servir ainda melhor.

— Não creio, pai: Quero me ombrear com os aflitos, os

excluídos, os miseráveis, as pobres almas que se debatem nas sombras. É meu desejo servir, não ser servida.

— Torno a repetir, minha filha, que em *Colope* poderás realizar isso tudo, e com maior amplitude.

— Acredito, pai, mas diz-me: pode uma luz de grande intensidade, de elevada pureza, penetrar a densidade das sombras, naqueles que sofrem todas as dores, todas as discriminações, alijados de tudo e de todos? Pode, por acaso, um ser superior, um espírito de escol, adentrar planos obscuros, mundos atrasados, e se fazer entendido pelos infelizes que ali habitam? Apenas nos tornando semelhantes aos empedernidos seres mergulhados na ignorância e na dor, conseguiremos os resultados que desejamos.

Hylion balançou a cabeça, inconformado com a atitude da filha; mesmo assim, argumentou:

— Mas filha, vê bem: nem sempre é necessário afundar-se na sombra para inundá-la de luz.

— Sei perfeitamente, meu pai. Mas entende, suplico com toda humildade: pode um ser de luz visitar os infelizes das trevas e se comunicar perfeitamente? Não é mais fácil um semelhante se fazer entender e conseguir o que deseja?

— Mas, minha filha...

— É meu desejo, pai, seguir para os reinos inferiores do planeta Terra e amparar nossos infelizes irmãos.

— Filha, ficarás aprisionada no espaço e no tempo, sujeita à Lei do Carma. O tempo é um Leviatã impiedoso, devora tudo de mais belo que existe, e nos acorrenta nas suas engrenagens implacáveis. Queres, já liberta dessa limitação, te aprisionar de novo, confinada no antes e depois?

— Estou cônscia do que dizes, pai; mas não é mais minha vontade, sinto que é a Dele.

— A Dele?

— Sim, a vontade do Logos Cósmico que opera em mim. Já não sou mais dona da minha vontade, vivo Nele e na vontade Dele.

Houve um minuto de silêncio. Hylion parecia refletir e então perguntou:

— Com que propósito, além de servir, vais despir tuas vestes de luz e vestir as roupagens de carne?

— O amor, pai. O amor infinito que Ele imprimiu no meu coração.

Após estas palavras de Thessá, Hylion calou-se e Albiom tomou a palavra:

— Com vossa permissão, senhor, gostaria de seguir com Thessá.

— Com o desejo de também servir?

— Por amor, senhor. Um amor ainda egoísta por sua filha Thessá.

— Não desconheces que se encarnarem, pode acontecer um desencontro de ambos, perdendo-se por longo tempo um do outro.

— Estou ciente disso, senhor.

Hylion não disse mais nada. Como um ser altamente espiritualizado, não tinha o direito de intervir no livre-arbítrio de quem quer que fosse, muito menos no de sua filha, que amava tanto.

❊ ❊ ❊

Como os espíritos solares ainda não tivessem terminado o trabalho referente à evolução do planeta Terra, convocaram voluntários para concluir essa operação. Apresentaram-se os chamados *Bne Aleim*, espíritos libertos das Rondas de esquemas anteriores ao Sistema Solar. Eles foram denominados pelos homens de anjos rebeldes, sendo Azazel o chefe dessa legião de seres superiores. Era necessário dotar a nascente humanidade de poderes que jamais alcançaria, se não fosse o amor desses abnegados seres.

Cada um deles inspirou aos homens uma faculdade. Azazel doou à espécie humana o poder da premonição; Amazarac as artes mágicas, tanto positivas como negativas; Amers o significado dos cerimoniais; Barkayal a astrologia; Tamiel a astronomia; Akibel o significado dos signos, mitos e alegorias. Finalmente o sétimo dessa legião, Asaradel, instruiu os homens sobre a influência da Lua sobre certos fenômenos que ocorrem em toda a superfície do planeta.

Esses seres, oriundos de orbes evoluidíssimos, junto com os venusianos, tendo à frente o mestre Aramu Muru, criaram os primeiros templos da Luz, que posteriormente se localizaram na América do Sul, no Peru e Império Amazônico de Paititi. Esses templos vieram a se constituir em academias, onde era estudada a ciência do verbo, que é a própria Lei Matemática do Criador. Ele é essa própria Lei de onde tudo provém, o princípio incognoscível de todas as leis. Só muito mais tarde esses templos foram usados para a prática da magia branca, quando começaram a atuar os irmãos da sombra.

Durante a terceira sub-raça atlante, os toltecas, gigantes cor de cobre, com a intervenção dos *Bne Aleim* e Aramu Muru e seus discípulos, aconteceu um progresso evolutivo extraordinário, mudanças fundamentais para o avanço intelectual e espiritual dessa raça.

Os toltecas absorveram aqueles ensinamentos, criaram nova forma de governo, a monarquia por direito hereditário, os chamados reis de dinastias divinas. Essas noções chegam até os dias de hoje deformadas pelos relatos fragmentados e desfigurados nas lendas e nos mitos.

Nesse período, começam a aparecer as nações separadas. Grupos de indivíduos com idéias similares ocuparam várias regiões do grande continente atlante, fundando impérios que floresceram com grande esplendor. Realizaram inúmeras migrações, e fundaram na arcaica Caldéia e no Peru suntuosas cidades, magníficas civilizações. A ciência também teve um impulso extraordinário, embora diferisse inteiramente da nossa. Como possuíam a clarividência muito desenvolvida, podiam observar com facilidade a natureza, compreender suas leis e mecanismos e assim, desenvolver uma ciência natural própria, que teve efeitos notáveis no desenvolvimento do reino vegetal e animal.

Adoradores do Sol, aproveitaram sua energia para vários fins: o cruzamento de animais, plantas e frutos, conseguindo espécies novas, usadas no seu consumo. O cruzamento do trigo com diversas ervas produziu vários tipos de grãos; a banana, fruto sem semente, resultou do cruzamento com um tipo de melão existente na época. Realizaram experimentos com as abelhas, alguns positivos, outros negativos, como no caso das vespas.

A ciência dos toltecas também teve um grande adiantamento, pois descobriram forças totalmente desconhecidas pela ciência atual. Entre algumas, podemos citar a força do *Vril*, combinação de energias solares, empregada com os mais variados fins, inclusive alterar a gravidade: a Terra passava a repelir os corpos sólidos em vez de atraí-los, quando essa poderosa técnica era empregada.

Já podiam os espíritos solares deixar a recém nascida humanidade entregue ao seu próprio destino evolutivo.

15
Lanka

A enorme cidade circular Lanka, sede do império central de todo continente atlante, brilhava em glória e poderio por entre os outros reinos existentes. Exibia esplendor e beleza com seus palácios de zimbórios dourados, seus jardins floridos em balcões suspensos e seus canais, que atravessavam em vários sentidos toda a cidade, onde navegavam barcos de todos os tamanhos e feitios.

Lanka era o mais importante centro científico e cultural da Atlântida, que recebia das mais distantes plagas do globo emissários de inúmeros reinados, que vinham prestar vassalagem ao seu rei por direito divino, Ravana.

Na periferia da grande cidade, numa casa modesta, algo importante estava para ocorrer; vários curiosos, homens e mulheres, se aglomeravam na rua, perto da porta de entrada da residência de Zoran, o curandeiro. Este era muito conhecido naquele bairro, admirado e ao mesmo tempo temido, talvez pela profissão que exercia, ou por seus poderes mágicos.

No interior da casa, em um cômodo nos fundos, uma mulher de meia idade, deitada num coxim forrado de peles, contorcia-se de dor, assistida por duas outras mulheres de avançada idade e pelo próprio Zoran, com quem já vivia há anos.

O curandeiro passou a mão espalmada pelo ventre enorme de sua mulher. Ela deixou escapar um berro de dor, que não pareceu impressionar Zoran nem um pouco. As duas velhas entoavam um melopéia repetitiva, uma invocação mágica, fazendo passes com as duas mãos em direção da pobre parturiente.

— Calma, Naura, a criança já vai nascer — e Zoran continuou passando sua mão enorme sobre o abdômen de sua mulher.

— Ai, ui! — gemia ela, remexendo-se no coxim.

— Calma — repetiu o curandeiro, enquanto as duas velhas aumentavam o tom da cantoria.

Naura agora berrava sem parar, contorcendo-se de dor. Nesse exato momento, sem qualquer explicação, a luz proveniente dos cristais ativados pela energia solar apagou-se de forma repentina, ficando o quarto na penumbra. Uma das velhas soltou um grito, e o espantado Zoran a viu incendiando-se, as labaredas envolvendo todo seu corpo, enquanto a outra caía para trás, desmaiada. Zoran não teve tempo de socorrer a pobre mulher, pois Naura, dando um verdadeiro uivo de desespero, viu ser projetado no coxim um bebê todo coberto por uma espuma arroxeada. Soergueu-se no leito, e imediatamente caiu morta.

O curandeiro, assombrado, não sabia o que fazer. Mal teve tempo de segurar o filho nos braços e sair correndo. A casa, depois de um estrondo, começou a pegar fogo, sendo inteiramente destruída em poucos minutos. A pequena multidão que se acotovelava a sua porta ficou também espantada, sem compreender nada; porém, logo depois, solícitos, procuraram confortar Zoran com palavras bondosas, e algumas mulheres se ofereceram para cuidar da criança.

O curandeiro, atônito, respondia maquinalmente da melhor forma possível. Segurando seu filho no colo, parecia não acreditar no acontecido; olhava com tristeza para o que fora sua casa, agora um monte de escombros e cinzas. Um arrepio de medo sombreou-lhe os olhos quando se ouviu um estampido alto, seguido de fortes relâmpagos e raios que caíram sobre o amontoado de ruínas fumegantes que restara da casa.

Nesse momento, um vento forte, vindo não se sabe de onde, rapidamente apagou as poucas chamas que ainda teimavam em queimar o que havia sido a residência do curandeiro Zoran.

As mulheres cercaram o pobre pai, e trouxeram um xale de lã para agasalhar a criança, pois a noite estava fria. Só então Zoran reparou direito no filho que carregava nos braços, observando que a espuma roxa que o cobria na hora do nascimento havia desaparecido.

— É uma linda criança, mestre Zoran —, disse a mulher que lhe trouxera a manta.

O curandeiro, ainda perplexo, meio entorpecido pelos últimos e estranhos acontecimentos, olhou pela primeira vez com atenção para seu filho. Era um lindo bebê, rosado, olhos grandes, escuros, fisionomia serena, e dormia indiferente à confusão que se estabelecera. Habitava pela primeira vez um corpo de carne, e com suas maléficas vibrações havia produzido aqueles efeitos calamitosos. Aquele que acabava de entrar na vida, limitado pelo mundo da matéria e suas leis, era ninguém menos que o outrora orgulhoso, cruel e despótico Rakasha, o Inefável imperador de Morg, em sua última oportunidade de resgatar seu mau carma e caminhar em direção à luz, ou para a região das trevas.

❀ ❀ ❀

Na região central de Lanka, se localizavam os templos, as suntuosas residências dos nobres, sábios, cientistas e o monumental palácio do rei Ravana. Na faustosa habitação do sumo sacerdote do reino, Habacab, ele e sua mulher, Dyolara, esperavam ansiosos o nascimento de seu primeiro filho.

Possuidores de grande clarividência, característica comum nessa raça, já tinham conhecimento de que seria uma menina, para alegria dos dois. Haviam até escolhido seu nome: Ynará, que no idioma senzar, que deu origem à língua védica, significa Ela, a alma do Universo.

Dyolara, reclinada num elegante coxim, acabara de fazer sua oração aos deuses da vida eterna, acompanhada por seu marido, que em frente a um oratório acendera uma vela votiva azul, quando um facho de luz prateada, brilhante, incidiu sobre o ventre de Dyolara, que suspirando fundo, disse:

— Chegou a hora. Vem, minha pequenina Ynará, nós te aguardamos com todo nosso amor.

Ato contínuo, Habacab amparou nos braços uma linda menina, que chegou suavemente ao mundo, com um choro bre-

Erg - O Décimo Planeta

ve, sendo logo entregue pelo pai feliz ao colo da mãe, que parira sem dor a bela criança.

No mesmo dia, em local e situação diversos, vinha à luz Thessá, que por vontade própria desejar a se unir à corrente encarnatória da humanidade, em um ato sacrificial de puro amor. Teria Albiom também conseguido seu intento? Encarnar e continuar unindo sua vida à de seu grande amor, sua alma gêmea, Thessá?

❋ ❋ ❋

No palácio real, Sua Majestade o rei Ravana ouvia atento seus oficiais, que haviam sido encarregados de verificar se procediam as informações sobre a proliferação de templos de magia negra, que começavam a preocupar os altos escalões do reino.

— É como digo, Majestade — começou o chefe dos oficiais —, invadimos de surpresa quatro templos suspeitos.

— O que encontraram?

— Vasculhamos todo o santuário mas nada encontramos.

— Então as denúncias eram falsas? — perguntou Ravana, o cenho franzido, olhando dentro dos olhos de seu subordinado.

— Creio que sim, Majestade.

— Acho tudo muito estranho. Essa informação me pareceu verdadeira. Meu ministro conselheiro é de minha inteira confiança. Quando me revelou esses fatos, parecia muito seguro do que dizia — o monarca pensava alto, falando mais para si mesmo.

— Torno a dizer que não encontramos absolutamente nada que nos sugerisse que esses templos sejam antros de magia negra — o oficial afirmou sem titubear.

Ravana ficou algum tempo olhando para o oficial, que duro, perfilado à sua frente, nem pestanejou. Com um simples gesto, despediu os três subalternos, mandando vir a sua presença seu ministro conselheiro, Kordam.

— As buscas foram infrutíferas — foi logo dizendo o rei, mal o ministro chegou.

— Senhor, não é possível! A minha fonte de informação é

segura, não pode de modo algum haver engano.

— Foi o que o chefe dos oficiais me informou.

— Com todo respeito, Majestade, tem inteira confiança nesse oficial?

— Bem... era o melhor homem para, de maneira discreta, sem alardes, colher essas informações, sem despertar suspeitas no povo, que como não ignoras, está sempre a favor desses templos, desses magos, pois eles é que resolvem seus problemas, ou pensam que resolvem.

— E não deu qualquer resultado — disse o ministro, pensativo.

— Não importa, Kordam, encontraremos outra maneira de agir. Ou acabamos de vez com esses templos, ou a ordem constituída do reinado estará seriamente ameaçada. Estou bastante preocupado.

As preocupações de Ravana tinham fundamento. Nessa época, havia um mago respeitadíssimo, ao ponto de sua palavra ser lei. Todos lhe obedeciam cegamente, por temor ou pela ascendência que exercia sobre a população, por causa dos favores prestados àqueles que o procuravam, e também pela ajuda material que forneciam, sem falar na cura dos diversos males que assolavam o infeliz populacho. Todos esses fatores, além do temor supersticioso, que esse mago fazia questão de estimular, davam-lhe uma força quase igual à do rei Ravana.

— Majestade, penso que tenho a solução para esse problema, se não totalmente, pelo menos em parte.

— Pois fala, Kordam! — o rei estava inquieto.

— Em conversa com o sumo sacerdote, tomei conhecimento das academias da Lei do Verbo, orientadas por ele, cuja sede principal é no Templo da Grande Serpente, onde já existem sacerdotes que atuam de forma efetiva em trabalhos de magia branca.

— Isso é muito importante, Kordam; mas o que poderiam fazer esses sacerdotes na prática?

— Poderemos fazer um trabalho com essas academias, sem usar de violência nem impor nossa vontade pela força, a fim de fechar esses templos maléficos.

— E o que faremos então?

Erg - O Décimo Planeta

99

— Vamos agir com inteligência, Majestade, infiltrando alguns sacerdotes nos templos onde se pratica a magia negra. Acho que devemos combater a idéia, não o resultado dela. Abortando a causa, eliminaremos o efeito.

— Continua, Kordam! — Ravana, acomodou-se melhor no trono, interessado nas sugestões de seu ministro conselheiro.

— Se Vossa Majestade concordar — prosseguiu Kordam —, devemos entrar em contato imediatamente com o sumo sacerdote Habacab, que acredito estar a par da situação. Proporemos uma ação conjunta de seus sacerdotes com Vossa Majestade. Infiltrados, eles nos comunicarão o que está acontecendo nesses templos. Assim poderemos combatê-los, e quem sabe, eliminá-los no seu próprio terreno. Esse plano, bem como sua execução, seria mantido em sigilo — terminou o ministro conselheiro.

— Concordo, Kordam! Começa imediatamente a pôr em prática esse plano! — disse Ravana, encerrando a entrevista.

16
Nasce um mago

Existia nos confins da capital Lanka uma herdade pequena, onde se via aos fundos uma casa modesta, toda caiada de branco, janelas e portas azuis, de aspecto bastante agradável.

Nesse sítio, mora há alguns anos Zoran, o curandeiro, afastado do burburinho da grande cidade, depois que sua modesta casa, de maneira inexplicável, foi destruída pelo fogo. Vive com ele seu filho, agora com quinze anos de idade, Apraudo. Era um nome dos mais estranhos, mas que lhe fora revelado pelos espíritos que trabalhavam nos seus rituais, nem sempre na boa lei.

O rapaz desde muito cedo mostrou aptidões para o ocultismo. Embora fossem inerentes a essa raça poderes que hoje em dia seriam considerados fantásticos, o menino Apraudo ainda possuía outras capacidades, tais como: percorrer o mundo astral, onde gozava de ampla liberdade, e poder conviver de forma natural com as entidades desse plano. Entretanto, sentia grande atração pelo Umbral, e pelos seres que ali sofriam as inúmeras conseqüências de suas vidas desregradas e cruéis.

Quando atingiu a idade em que o encontramos nessa herdade, Apraudo podia invocar as entidades do baixo mundo astral, os elementais inferiores, e criar formas mentais artificiais, que ele subjugava ao poder de sua vontade. A cada dia se revelava ser de uma crueldade sem limites.

Havia momentos em que se alheava de tudo, e isolava-se nos fundos da herdade, permanecendo estático, olhar perdido no infinito, parecendo completamente ausente do mundo. Nessas ocasiões, Apraudo tinha a impressão muito clara de que vivera em outros lugares e possuíra poderes ilimitados. Após despertar desses sonhos, sua crueldade aumentava e sentia um prazer inaudito em provocar os maiores sofrimentos em quem dele se acercava.

Naquela tarde, Apraudo atormentara seu velho pai com palavras impiedosas, criticando zombeteiro seus trabalhos de curandeirismo, e escarnecendo das experiências com ervas que Zoran realizava. Não contente com os ataques verbais, passou a desafiá-lo, e usando sua força mental, dirigiu um jato de luz cinzenta contra o plexo solar de seu progenitor, que recebendo aquele impacto saturado de energia negativa, caiu para trás, derrubando o panelão de barro onde ferviam suas ervas.

Estavam os dois numa das salas que serviam de laboratório a Zoran. Na semi-obscuridade do ambiente, o curandeiro antes de cair, pôde ver seu filho todo envolvido numa espuma roxa, a mesma que o cobrira no dia do nascimento, com a fisionomia diabólica, rindo às gargalhadas.

— Velho estúpido! — gritou Apraudo. — Vê! Eu sou o mais forte!

O velho curandeiro, gemendo e esfregando o ombro dolorido, soergueu-se e arfando, conseguiu dizer:

— Filho desnaturado! É assim que tratas quem te deu a vida?

— Preferia não ter nascido, a ter um pai fraco e ignorante como tu!

Zoran, sentado no chão, não pôde evitar um soluço que escapou sentido do seu peito.

— Como podes ser tão mau?

Erg - O Décimo Planeta

101

— Não sou mau, sou forte!

— És muito mau!

— És um fraco! Sou maior do que tu nas artes mágicas, nos conhecimentos ocultos, no domínio do mundo astral! — disse com orgulho, de forma sarcástica. — Estou perdendo meu tempo precioso, vivendo com um imbecil como tu!

— Cuidado, filho! Palavras podem ferir mais que punhais.

— Tu não entendes nada! Estou cansado de viver nesse lugar medíocre. Sinto-me sufocar junto de ti. Fui feito para coisas grandiosas, para voar sem fronteiras e construir meu próprio destino, maravilhoso e repleto de grandes realizações!

— Cuidado! — disse Zoran, levantando-se.

— Tu é que deves ter cuidado com o que dizes ou fazes.

— Não vês que com essa insensatez estás cavando tua própria ruína?

— Chega! Nem mais uma palavra, ou te destruo agora! — Apraudo rangia os dentes de cólera.

— Experimenta! — o velho curandeiro enfrentou seu filho.

Aquelas atitudes do rapaz já vinham se repetindo há algum tempo, mas sempre acabavam indo cada um para seu lado da casa, onde ficavam sem se falar durante alguns dias Apraudo remoía sua cólera reprimida e Zoran sua tristeza, ao ver que a insensibilidade e crueldade do filho cresciam a cada dia que passava.

Nesse dia, porém, o confronto não terminou como de costume. Apraudo, tremendo de ódio, levantou o braço direito, com a mão espalmada apontando para o alto. Pronunciou uma invocação mágica, e no mesmo instante materializou-se uma figura hedionda. Peluda, de estatura avantajada, aparência simiesca, corpo disforme e desnudo, olhos injetados de sangue, estrábicos, boca retorcida num ricto feroz. Deu uma gargalhada estridente, dissonante, e babando avançou contra Zoran.

— É todo teu — gritou Apraudo. — Acaba com ele! — vociferou indiferente, como se o pai não representasse nada em sua vida.

O curandeiro foi projetado contra uma das paredes, antes batendo com a cabeça na quina da mesa. O impacto foi tão violento, que o pobre homem caiu morto no mesmo instante, com o crânio fendido, deixando a mostra grande quantidade de massa encefálica.

— Tua recompensa darei mais tarde. Volta para as trevas de onde vieste! — ordenou Apraudo.

Como se nada houvesse acontecido, sem olhar para o corpo inanimado de seu pai numa poça de sangue, foi para o quarto de Zoran, começar a fazer um inventário de seus pertences.

Mas estava escrito que naquele dia, além desse fato monstruoso, outros estavam para ocorrer.

Quando Apraudo vasculhava o aposento de seu pai, uma luz brilhante apareceu de repente, e uma figura envolvida por uma neblina vaporosa de coloração cinza-claro materializou-se a sua frente. Vestia um balandrau escuro, que parecia seda, que descia em pregas até os pés, calçados com sandálias de couro marrom. Era bem mais alto que o jovem Apraudo, tinha feições harmoniosas, rosto alongado e olhos azuis-claros, encimados por sobrancelhas espessas, da mesma cor dos cabelos brancos, que desciam encaracolados até os ombros.

Dos olhos dessa figura imponente saíam faíscas de várias cores. Seu olhar profundo parecia penetrar na alma de quem os fitasse.

— Sou o Mago Maior — disse numa voz grave —, vim te buscar.

Apraudo tentou reagir, mas imediatamente foi imobilizado por um simples gesto daquele que dizia ser um mago.

— Escuta, verme insensato! Vim te trazer todo o poder das trevas! Já não podes mais voltar atrás, ou me obedeces ou te abandono ao teu destino miserável!

— Quem és? — conseguiu, tímido, perguntar.

— Sou teu mestre da luz e da sombra — respondeu aquele ser, ao mesmo tempo magnificente e tenebroso.

— Para onde queres me levar? — conseguiu perguntar outra vez, voz insegura, titubeante.

— Oportunamente saberás.

Apraudo, visivelmente amedrontado, pois ainda se encontrava imobilizado pelo poder do mago, adotou uma postura humilde, cabeça baixa, procurando não encarar aquele ser, que acreditava fosse uma entidade de grandes poderes.

Erg - O Décimo Planeta

— Tua vida atual — prosseguiu o mago — é decorrente da tua vida anterior.

— Minha vida anterior?

— Sim, vida de que não tens qualquer lembrança, a não ser resíduos de consciência que ainda fortuitamente voltam a tua memória.

— Não quero ser petulante, grande mago, mas ninguém pode me obrigar a fazer aquilo que não quero — disse, bastante receoso, Apraudo.

O mago permaneceu calado algum tempo, olhando fixo para o rapaz, que submisso abaixou a cabeça.

— Eu posso tudo! Tudo! Meu poder é ilimitado. Pensas, que por essa grosseira demonstração, matando teu pai, que já és um grande mago? Aprendiz de mago é o que és. Vê o que faço com esse artificial que invocaste, trazendo-o do reino das trevas.

O mago fez com as mãos alguns passes no ar. Logo apareceu ao seu lado o monstro de aparência simiesca que Arpaudo conjurara momentos antes. O mago repetiu o gesto, agora em direção do artificial imóvel, totalmente dominado. Ato contínuo, a figura horripilante começou a diminuir, até desaparecer no ar, exalando um cheiro forte de enxofre.

Apraudo estava apavorado, sentindo-se impotente ante o poder do mago.

— Mestre... senhor — balbuciou —, ouço e obedeço, mas imploro, devolvei meus movimentos...

— Seja! Mas presta atenção, pois não costumo falar duas vezes.

— Obrigado, senhor — Apraudo estava com os movimentos livres.

— Já viste que não passas de um mago de segunda classe, sem a menor condição de atuar no reino das sombras, ou melhor, em reino algum. Mais tarde compreenderás os motivos que me fizeram prestar atenção em ti, e levaram meus superiores a querer fazer-te um mago de verdade. É teu desejo entrar para a Confraria dos Irmãos da Sombra?

— Sim, mestre! — foi a resposta imediata de Apraudo.

O mago tirou do ar uma pequena taça de cristal cheia de

sangue; depois apontou o dedo indicador para a mão esquerda do rapaz, trêmulo de apreensão. Imediatamente verteu da palma um sangue grosso e muito vermelho, que foi colhido na taça, misturando-se ao ali existente.

— Bebe! — ordenou o mago, entregando a taça a Apraudo.

O outro obedeceu, sorvendo até a última gota daquele sangue.

— E agora, mestre?

— Agora és um dos nossos. Irás comigo para o mundo astral, a fim de aprender as leis que governam toda a magia. Nós, os "filhos da noite", outrora fomos anjos em outros orbes; agora, condenados à encarnação, presos nas cadeias da carne, na obscuridade, até o grande dia, que virá depois do fim dos séculos. Há muito tempo nossa confraria vem te observando. Percebemos que importância e utilidade terias para nós, e resolvemos convocar-te para as nossas fileiras. Como primeira ordem, vais passar a usar teu nome invertido, pois cada som provoca uma modificação na matéria, de acordo com nossa vontade. O nome de um senhor da magia deve ter um som capaz de ocasionar sortilégios, fascinação que origina as formas diversas que plasmamos no ar e na mente daqueles que estão dominados pela nossa atuação mágica.

Ouve e aprende. O som tem importância fundamental na magia. O som das letras se relaciona com as sete notas musicais. Sua vibração está intimamente ligada à palavra. Esses sete sons estão conectados a cada um dos sete globos planetários, produzindo um ruído que, combinado com coisas materiais, do mesmo modo que a alma é unida ao corpo, cria seres animados que usamos na magia prática. Assim, cada letra corresponde a uma função cosmológica, uma força fenomênica, uma potência sideral, todas sujeitas ao número, base das vibrações de qualquer sistema solar. Essa é a razão para que, de agora em diante, uses teu nome invertido, que irá adquirir um poder enorme. Ele provocará, em quem o pronunciar e repetir, profundo terror, que servirá para tua ascendência no mundo das sombras — concluiu o mago.

Apraudo, fascinado diante do poder e sabedoria do mago, com profundo respeito indagou:

— Que nome afinal deverei usar, grande mestre?

Erg - O Décimo Planeta
105

— Oduarpa. De hoje em diante serás conhecido por todos os Irmãos da Sombra por esse nome.

— Com a maior humildade e respeito, mestre, teria a felicidade de saber vosso augusto nome?

O mago, olhando nos olhos de Oduarpa, depois de algum tempo condescendeu em revelar sua identidade.

— Podes me chamar de Mago Shemnis, o senhor do fogo sagrado.

17
O Templo da Grande Serpente

Habacab cobriu a cabeça com uma manta de fina lã de cordeiro, proferiu palavras mágicas ritualísticas, acendendo o fogo no altar central do Templo da Grande Serpente. A lenha resinosa exalou um perfume de cedro. A fogueira aumentou como por encanto suas chamas e um silvo estridente se ouviu; então o sumo sacerdote Habacab, fixando as chamas, fez uma invocação:

— Sagrado dos sagrados! Senhor do princípio e do fim, concede-me o previlégio de ver e ouvir o que preciso! Desvela teus mistérios, e se merecer, que eu possa ver a Grande Senhora do Fogo Eterno, a deusa Kemnu. Ó senhora de mil faces e mil nomes, mostra-me o que devo fazer!

O fogo produziu um chiado agudo, um assovio estridente, e logo, como se obedecessem a ordens invisíveis, as chamas tomaram aos poucos a forma de uma mulher.

— Grande deusa Kemnu! Agradeço e louvo tua augusta presença! Senhora do fogo, mostra-me tua face velada!

Quando Habacab se dirigiu à deusa, as chamas imediatamente atingiram uma grande altura, delineando-a de forma perfeita no fogo. Era uma linda mulher, alta, de proporções harmoniosas, vestida com um camisolão escarlate, de cor mais viva que as próprias chamas que a envolviam. Seu rosto era de beleza deslumbrante, olhos azuis, cabelos cor de cobre antigo, que desciam em cascatas fulgurantes, espraiando-se na altura dos ombros, boca pequena de contornos vivos, de onde saiu uma voz melodiosa.

— Que desejas, mortal?

— Vossa proteção, vossa paz, vossa sabedoria para que possa esclarecer minha ignorância — e Habacab prosternou-se diante da deusa.

Kemnu pareceu sair de dentro das chamas. Levantou um dos braços, mostrando a mão direita muito branca, de dedos longos, apontou o indicador para a testa do sacerdote, e fazendo girar seu chacra frontal, abriu a vidência mental de Habacab.

— Vê! — exclamou, mostrando o lugar no meio do fogo, que se abriu para os lados. — Vê! — repetiu, e cenas vivas apareceram no espaço vazio das chamas.

As cenas mostravam sua filha Ynará toda paramentada com as vestes sacerdotais dos iniciados do templo. Ao seu lado um rapaz alto, de epiderme negra, fisionomia serena, segurava sua mão, olhando-a de forma apaixonada. Em frente aos dois, o excelso mestre, o sacerdote supremo do Altíssimo, Kapila-Guru, oficiava uma cerimônia.

— Mas é minha filha Ynará! — exclamou espantado o sacerdote.

— Sim, é tua filha.

— É uma cerimônia de casamento?

— Uma cerimônia de casamento.

— Quem é o rapaz? — Habacab parecia muito espantado e descontrolado.

— É Nofru — condescendeu em responder a deusa —, um príncipe da mais pura estirpe de Aztlan.

— Mas é negro! De outra raça, diferente da minha e de Ynará!

— Não existem raças, somente almas, mortal insensato!

— Perdão, grande deusa, por um momento...

Foi interrompido pela deusa de forma ríspida:

— Mortal insensato! Tua discriminação não faz sentido! Desconheces as teias que ligam os destinos desses dois. Nofru é a alma gêmea de Ynará.

— Mas eles ainda nem se conhecem...

— Vão se conhecer muito em breve. O importante é que mestre Kapila-Guru os conhece e te mostrou o que irá acontecer: a união de Nofru e Ynará em cerimônia sagrada, oficiada pelo mestre — respondeu a deusa.

— De que maneira irão se conhecer?

— Nofru virá até este templo que diriges, e solicitará ser teu discípulo, candidato à iniciação.

— Irei iniciá-lo?

— Sim — foi a lacônica resposta da deusa.

— E minha filha? Queria poder iniciá-la também...

— Que impedimento existe para não fazer essa iniciação?

— Ela ser minha filha. O que dirão os outros sacerdotes, que esperam há longo tempo ter esse direito?

— Cumpre tua obrigação.

— Poderei fazer a iniciação de minha filha?

— Ela não está preparada?

— Está.

— Então, o que estás esperando?

— Se ela se unir futuramente a um homem, não terá que abandonar o sacerdócio?

— Quando te uniste a Dyolara, por acaso abandonaste teu posto no templo, teu sacerdócio?

— Não, grande deusa.

— Deixa os dois seguirem seu destino, já traçado, e faz aquilo que te compete. Deixa a previsão do futuro para aqueles que o podem vislumbrar — e a deusa, sem qualquer despedida, desapareceu da fogueira. Habacab abaixou a cabeça submisso, aceitando sem mais perguntas ou ponderações as ordens da deusa Kemnu.

Mal desaparecia ela por entre as brasas que ainda ardiam, apareceu um ser transparente, feito de cristal luminoso, porte augusto, com um sorriso beatífico nos lábios.

Era Hylion, que velava por sua filha, e por todos os ergs que agora viviam encarnados na grande Atlântida.

❅ ❅ ❅

Na região Sul do grande continente de Aztlan, além da cadeia de montanhas, em sua costa oeste, existia um pequeno reinado, denominado Terras Roxas, governado pelo rei Zagreu. Em sua capital, Kemu, a cidade do fogo, também conhecida como a cidade dos bruxos, viviam ainda remanescentes dos tlavatlis, povo de raça negra.

O príncipe Nofru, que fora Albiom no planeta Erg, desde pequeno mostrou a maior aversão às práticas de magia negra que proliferavam em toda a nação, inclusive entre seus preceptores, encarregados pelo rei Zagreu de sua educação. Nofru mostrava-se desatento às lições, ficando completamente alheio às explicações de seus mestres; quanto à parte prática da magia negra, sempre se recusava a usá-la, o que levou seu preceptor principal a queixar-se ao rei.

Ficava Nofru a maior parte do seu tempo ocioso, ausente do mundo onde vivia. Sonhava acordado com uma bela mulher que lhe sorria amorosamente, tomando-o pelas mãos; juntos caminhavam por um campo florido, abraçados, olhos nos olhos, admirando as belas construções de cristal rosa, edificações que Nofru, não sabia como, já conhecia. Nesses momentos, que eram freqüentes, era invadido por grande felicidade, uma sensação que antes nunca havia experimentado. Despertava desses sonhos para a realidade sentindo-se o mais infeliz dos homens.

Certa ocasião, em um desses devaneios, seu embevecimento foi tão real que chegou a ouvir o som da voz de sua amada, daquela que povoava seus sonhos e completava sua vida tão vazia.

— Sou Thessá — sussurrou ela em seu ouvido —, alma gêmea de minha alma.

Nofru, enlevado com aquela presença, para ele tão real, e com aquela voz doce e amorosa, entrou em êxtase. Pode visualizar várias cenas do seu passado e alguns rostos lhe pareceram familiares. Esse acontecimento, que se repetiu inúmeras vezes, o tornou ainda mais refratário às práticas da magia negra. Não contente em sonhar acordado com sua amada, resolveu sair em astral, sendo atraído por fortes laços de simpatia ao Templo da Grande Serpente, em Lanka. Sentiu um desejo incontido de freqüentá-lo, estudar e alcançar a iniciação na boa lei. Nessa visita astral encontrou Ynará oficiando um culto no altar central do templo, e imediatamente reconheceu na moça seu amor imortal, sua alma gêmea Thessá.

Nofru tentou, após essa visita em astral, outras viagens

fora do corpo físico, mas não conseguiu e sua impaciência cresceu ao máximo. Não encontrando outra solução, tomou coragem, dirigiu-se a seu pai, suplicando que o dispensasse dos seus deveres como príncipe herdeiro e lhe permitisse viajar para Lanka, ao Templo da Grande Serpente, a fim de estudar as leis naturais que regem o Cosmo.

A princípio, o rei Zagreu resistiu tenazmente às pretensões do jovem Nofru; mas depois de ver que seria inútil continuar se opondo, e como amava realmente seu filho, concedeu, bastante contristado, a licença solicitada.

— Antes de partir, meu filho, quero que conheças um amigo dileto. Vou mandar que venha a minha presença e, creio que te será útil, pois me informou que brevemente irá para Lanka.

— Mas decerto, meu pai.

Após alguns minutos, foi conduzido ao salão de audiências um homem alto, de cabelos grisalhos, ondulados até os ombros, tez cor de cobre, olhos negros e penetrantes, nariz aquilino, lábios finos, num rosto maciço de mento quadrado. Vestia calças de cor creme, folgadas nas pernas e apertadas nos calcanhares, calçava sandálias douradas com as pontas viradas para cima. Seu corpo espadaúdo era coberto por uma bata justa, da mesma coloração das calças, fechada até o pescoço, tendo à cintura uma larga faixa roxa. Na altura do peito, trazia um medalhão dourado, repleto de estranhos signos.

— Entra! Fica à vontade! — foi logo dizendo o rei, que levantou-se para cumprimentá-lo. Essa atitude do monarca constituía uma grande honra, pois somente diante de grandes personagens a realeza se punha de pé.

— Este é meu filho, que faço questão que conheças — e dirigindo-se a Nofru: — Apresento-te o grande mago Oduarpa.

18
Ynará

Desde a mais tenra idade, a menina Ynará, que já sabemos ser a encarnação de Thessá, mantinha-se alheia por vários instantes do seu dia, parecia estar sonhando acordada, com o rosto iluminado por um sorriso. De nada adiantava falar-lhe, pois, totalmente desligada do mundo exterior, Ynará continuava ausente, entregue ao seu mundo interior ou a seu sonho. Quando atingiu a puberdade, assombrou seus familiares demonstrando grandes conhecimentos; discorria sobre os mais variados assuntos, coisa que seu pai, o velho sacerdote Habacab, sabia perfeitamente que nunca lhe ensinara.

Mas não paravam por aí os atributos miraculosos, no dizer de sua mãe Dyolara; a jovem podia realizar fenômenos diversos, como deslocar seu veículo astral e viajar em estado de consciência para outros planos, magnetizar objetos inanimados que passavam a ter vida, embora efêmera, plasmar no ar figuras as mais diversas que ela animava com o poder de sua mente. O mais fantástico, na opinião admirada de Habacab, era o seu poder de premonição, sempre infalível. Ynará sem a menor dificuldade conseguia exercê-lo, dando a impressão, a quem a observasse, que era a coisa mais corriqueira deste mundo.

Quando Ynará atingiu a idade de dezoito anos, seu pai, que já possuía o aval da deusa Kemnu, embora sua mulher Dyolara achasse que a moça ainda era muito jovem, resolveu iniciá-la no Templo da Grande Serpente, como sacerdotisa do fogo.

Nesse dia, de grande importância para o sacerdote Habacab e sua mãe Dyolara e para a própria Ynará, a moça teve uma nítida visão. Estava numa cidade onde os prédios eram de cristal, e num soberbo edifício rosa, aonde foi conduzida, foi recebida com o máximo carinho por um homem alto, porte altivo, aparência de cristal brilhante, que com um sorriso radioso lhe disse:

— Sê, bem-vinda, minha filha! Sempre estarei ao teu lado em todos os momentos da vida. Lembra bem, meu amor te acompanhará e jamais deixará de te pertencer.

Ynará poderia jurar que conhecia aquele homem, que para ela tinha aparência de um deus; quanto à cidade e os prédios de cristal brilhante, também lhe eram familiares. Uma saudade indefinida tomou conta de sua alma sensível. Parecia que lhe faltava alguma coisa, sentia um vazio interior inexplicável uma tristeza enorme invadiu todo seu ser. Foram, porém, apenas

Erg - O Décimo Planeta

alguns momentos, pois logo Ynará, ansiosa e contente, esperou o momento de ser levada para o templo e ser finalmente iniciada por seu pai. As palavras daquele imponente homem-deus que parecia feito de cristal, ainda ecoavam na mente da moça, quando o sacerdote Habacab chegou para conduzi-la ao Templo da Grande Serpente.

Kapila-Guru, o grande mestre, já se encontrava no altar central da grande nave. Quando Ynará, paramentada com as vestes sacerdotais, foi levada pelas mãos de Habacab até seu iniciador, o fogo sagrado, que jamais se apagava em homenagem à deusa Kemnu, crepitou, elevando-se, com um chiado estridente. Por entre as volutas do fogo, pai e filha viram sorrindo, com a mão direita erguida-lhe dando sua bênção, o misterioso homem de cristal que Ynará conhecera em sua visão. Hylion viera para a cerimônia de iniciação e continuava, do plano em que se encontrava, a velar por sua amada filha Thessá.

❊ ❊ ❊

Nofru e seu escravo Reubem, que era mais amigo e confidente que serviçal, chegaram à capital Lanka sem maiores incidentes. Nofru prometera ao pai que ficaria hospedado no palácio de Oduarpa, enquanto estivesse estudando no Templo da Grande Serpente. Foram recebidos pelos empregados do palácio, tratados com toda cortesia e alojados nos melhores cômodos. Nofru fez questão de que Reubem ocupasse um aposento igual ao seu.

Mal amanhecera o dia seguinte, Nofru, a custo escondendo sua impaciência, munido de um pergaminho de apresentação assinado por seu pai, o rei das Terras Roxas, dirigiu-se ao Templo da Grande Serpente.

— Meu mestre Habacab irá recebê-lo — disse o sacerdote encarregado da portaria do templo, depois de examinar com atenção o documento.

Após um tempo que pareceu interminável para o impaciente Nofru, o sacerdote voltou, dizendo apenas:

— Siga-me.

O jovem foi introduzido no gabinete particular do sumo

sacerdote Habacab, que ficou olhando fixo para ele, imóvel a sua frente. "Então é este o jovem pretendente à minha filha e à iniciação em meu templo?", pensou, esquadrinhando as feições de Nofru.

O julgamento de Habacab, naquele momento, foi totalmente desfavorável ao jovem pretendente. Mesmo assim, lembrando que era do seu dever de sacerdote a todos receber fraternalmente depois de ler e reler o documento de apresentação, o sumo sacerdote, economizando as palavras, disse apenas:

— Procura o sacerdote que te trouxe a minha presença.

— Obrigado, senhor, pela acolhida.

O outro não deu a perceber que entendera o sarcasmo, embora feito de modo delicado; sem um gesto de despedida, deu as costas para Nofru, encerrando a breve entrevista.

※ ※ ※

Durante vários meses, Nofru foi um estudante assíduo às aulas ministradas pelos sacerdotes do templo. Quando o sumo sacerdote Habacab fez a avaliação dos novos pretendentes à iniciação, teve que aceitar o jovem neófito como o mais aplicado estudante que já passara pelo Templo da Grande Serpente. Foi obrigado, conforme mandava a Lei, a adotá-lo como seu discípulo principal.

Foi um dia de júbilo para Nofru, acrescido pelo fato de poder privar com os sacerdotes do templo em plena comunhão, em especial com a sacerdotiza Ynará, que só avistara três vezes, assim mesmo de longe.

A moça não saía de sua cabeça durante os longos dias de aprendizado, a ponto de quase atrapalhar seus estudos e práticas. À noite seus sonhos eram povoados pela presença de Ynará, a princípio em devaneios bastantes inocentes, progredindo para momentos de amor, tão nítidos que sempre acordava molhado de suor e aflição. Não sabia Nofru que o mesmo acontecia com ela, que não podia entender a causa de tais sonhos, que lhe traziam um misto de alegria e saudade indefinida.

O primeiro encontro entre os dois sonhadores foi cercado por indagações mudas, surpresas, curiosidades e uma intensa

Erg - O Décimo Planeta

113

simpatia, que com velocidade surpreendente se transformou em amizade afetuosa.

❊ ❊ ❊

Kordam, ministro conselheiro do rei Ravana, ladeado por dois sacerdotes, esperava impaciente o mago Oduarpa, deambulando de um lado para o outro. A espera foi breve, pois logo, com um ar de preocupação no semblante carregado, aquele que comandava todas as confrarias negras do reino adentrou o elegante salão. Sem sequer saudar seus visitantes inesperados, foi direto ao assunto, dirigindo-se a Kordam:

— Já não avisei para vir somente aqui em último caso?

Oduarpa esquadrinhou as fisionomias tensas dos dois sacerdotes. O ministro conselheiro ignorou a incivilidade do mago, e sentando-se, convidou os outros dois a fazer o mesmo.

— Vim porque hoje era o último caso — respondeu sem se alterar, usando as mesmas palavras que Oduarpa empregara.

— Não entendo.

— É muito simples. Se me encontro aqui, aliás a contragosto, é porque algo muito sério está acontecendo — disse, acompanhado por um movimento de cabeça dos dois sacerdotes, em aprovação muda.

— O que pode estar acontecendo de tão grave, a ponto de estragares tudo quanto temos planejado?

— Ora, Oduarpa, não sou nenhum idiota inexperiente, para me impressionar à toa.

O mago ficou por breves instantes observando a fisionomia de Kordam; depois, aparentemente mais calmo, indagou:

— Então é realmente sério?

— Muito sério!

— Não percamos mais tempo. Vamos aos fatos.

— O rei já é conhecedor do que está acontecendo nos templos dos irmãos das sombras e...

— Isso já era de se esperar — interrompeu Oduarpa.

— Ainda não terminei — continuou Kordam, irritado com a interrupção. — E o que é muito pior: temos sacerdotes infiltrados nos templos das Sombras, sendo eu o maior culpado dessa invasão.

— Culpado! Como és culpado?

— Acreditavo que o rei, fraco como é, não fosse tomar nenhuma decisão a respeito dessa infeliz sugestão. Como tinha que dizer qualquer coisa a respeito, pois afinal sou conselheiro de Ravana, fiz essa bobagem, de que me arrependo amargamente. Tinha que vir, por esse motivo, até tua presença.

— Não poderias mandar um mensageiro? — perguntou o mago, não parecendo impressionado com as notícias dadas por Kordam.

— Muito perigoso. Diz, hoje em dia em quem podemos confiar?

— Não poderias ter enviado algum desses dois? — perguntou, olhando com visível desprezo os dois sacerdotes, que calados continuaram.

— Eles são do Templo da Grande Serpente e seus passos poderiam estar vigiados.

— Continuo sem entender. Se vieram até aqui e estão sendo vigiados, não faz o menor sentido.

— Como saíram do templo comigo, homem de plena confiança do rei, isso não causará a menor suspeita. Depois, se os trouxe, é porque sabem de coisas importantes.

— Isso mesmo, grande mago — atalhou um dos sacerdotes. — Em todos os templos das sombras existem sacerdotes de confiança do rei e do sumo sacerdote Habacab. Sem estardalhaço já foram efetuadas inúmeras prisões. Todos os templos das sombras, sem exceção, estão sob suspeita ou controlados pelos sacerdotes de Habacab. Não se pode dar mais um passo, sem que esse sacerdote tome conhecimento. Ainda há mais: três templos da região Sul de Lanka estão em poder dos sacerdotes de Habacab, mas continuam funcionando com se fossem templos das sombras, e o que é pior, relacionam-se com nossos templos, trocando informações — terminou seu relato o sacerdote que acompanhava Kordam.

— Por que não me comunicaram antes? Será que és tão mal pago pelos serviços prestados? — Oduarpa estava zangado, rilhando os dentes, furioso, encarando ora Kordam, ora os dois sacerdotes, que mudos de espanto ou de medo, encolhe-

Erg - O Décimo Planeta   115

ram-se em seus assentos.

— Só hoje tomei conhecimento desses fatos, e assim que soube me apressei em procurar-te — disse Kordam, humilde, o que não satisfez o mago, que continuou agastado.

— Que providências efetivas tomaste?

— Nenhuma, queria ouvir primeiro tua opinião.

— Minha opinião! Minha opinião! É só isso que sabes me dizer!

— É lógico, Oduarpa, afinal és tu quem dá as ordens — disse Kordam de forma elogiosa, tentando abrandar um pouco a irritação do mago.

— Esse sacerdote, Habacab, é quem comanda todas as operações e tudo o que acontece nos templos?

— Exatamente.

— Sabes por acaso qual o seu ponto vulnerável?

— Todos nós somos vulneráveis.

— Bela resposta! Como se eu não soubesse! — e Oduarpa voltou a ficar irritado. — Quero saber é se conheces alguma fraqueza, alguma falha em seu caráter. Preciso saber onde atacar!

— O sumo sacerdote é um homem integro, até onde se sabe, um homem inatacável.

— Deve haver uma brecha qualquer, é impossível que esse sacerdote não tenha nenhuma!

— Já que não se pode corrompê-lo, pois ele não possui qualquer ponto fraco, quem sabe podemos atingi-lo por intermédio sua filha, a sacerdotisa Ynará.

— Às vezes, és de uma inteligência brilhante — disse Oduarpa, um brilho sinistro nos olhos malévolos.

19
As dinastias divinas

O rei Ravana recebeu seu grande conselheiro e foi logo perguntando pelas últimas notícias, que o preocupavam bastante.

— E então, Kordam! Que tens para me dizer sobre os templos das sombras?

— Posso dizer-vos, Majestade, que estamos fazendo grandes progressos nessa área. Já conseguimos fechar alguns templos.

— Tudo isso é muito vago. Quero detalhes precisos da operação — e Ravana dardejou no seu conselheiro um olhar de insatisfação.

— Mas Majestade, estamos trabalhando com afinco.

— Informações exatas, Kordam. Quero nomes dos sacerdotes negros, nomes dos templos com suas localizações, enfim minúcias de tudo quanto está acontecendo ou aconteceu — o rei, agora, estava bastante irritado

— Senhor, para ser bastante realista, posso adiantar que apenas dois templos foram fechados, na periferia da cidade. Segundo o sumo sacerdote Habacab, eram de pouca importância. Temos encontrado grande resistência, tanto dos sacerdotes negros como do povo em geral; parece que possuem um líder atuante.

— Sabes pelo menos quem é esse condutor?

— Dizem, meu senhor, mas não posso provar, que é o conhecido mago Oduarpa — respondeu Kordam, reticente.

— Oduarpa— disse baixinho —, mas, diz-me, não se encontrava esse homem nas Terras Roxas?

— Parece que voltou, senhor. Consta que tem um palácio aqui em Lanka.

— Consta, parece! — o rei estava furioso, e quando se dirigiu ao seu conselheiro, foi para mandar que viesse a sua presença o sumo sacerdote.

— Imediatamente, meu senhor! — foi a única coisa que Kordam encontrou para dizer, saindo quase a correr da presença do seu soberano.

O que estava na realidade acontecendo e Kordam, que estava na conspiração, procurava ocultar, era o aumento do poder de Oduarpa sobre o povo e grande número de sacerdotes. Era inútil querer devassar templos suspeitos; até nesse terreno a força do mago negro se fazia sentir, pois começava a agir abertamente, mostrando a quem quisesse ver todo o seu pres-

Erg - O Décimo Planeta

tígio e autoridade.

❊ ❊ ❊

A reunião em *Colope* começou presidida por Hylion, quando o último voluntário chegou. Os grandes espíritos solares haviam feito a primeira convocação, e aqueles que se apresentaram foram selecionados para comparecer ao planeta localizado ao centro da galáxia.

— Todos estão cientes — começou Hylion — da importância da tarefa a nós confiada pelo Grande Ser. Ninguém ignora que em épocas pretéritas, houve fatos que infelizmente fugiram totalmente ao controle dos dirigentes,[8] como acidentes cósmicos, explosões solares que destruíram o que havia sido realizado, que levaram a humanidade desse período do planeta Terra novamente ao estado de barbárie. Agora, depois da destruição completa daquela civilização, começa a espécie humana novamente a se organizar, mas sozinhos não conseguirão atingir o patamar proposto pelo planejamento sideral.

— Esses acontecimentos já são conhecidos por nós, e penso que falo por todos aqui — disse Zarathusta, correndo os olhos pela seleta assistência.

— Assim é melhor — continuou Hylion. — Cada um deverá inicialmente adensar suas vibrações, criando um corpo compatível com as compactas freqüências terrenas. Depois, seguirão em suas naves para cada região do planeta Terra já

8 Durante todo o transcorrer da narrativa, usamos o termo "dirigentes planetários", para não causar confusão em assuntos tão difíceis. Porém, agora, a fim de dirimir dúvidas, iremos demonstrar, de acordo com a Sabedoria Oculta, quem foram realmente esses excelsos seres, e o trabalho que realizaram no nosso Esquema de Evolução.

Procedentes de esquemas evolutivos muito além de nossos sete esquemas, os chamados "Filhos da Mente de Brahma" não foram engendrados, procriados, mas criados de modo realmente imaculado pelo poder de Kryiashkti, um poder de criação mental que sai da vontade e da luz da vida eterna, os chamados senhores da vontade e do yoga, a semente santa dos futuros salvadores da humanidade. Todos procriados pela mente divina.

Receberam diversos nomes, que foram citados na Sabedoria Oculta, tais como: dirigentes planetários, engenheiros e arquitetos siderais, mestres galáticos, *dhyan choans*, para se citar alguns e ficar definitivamente esclarecido quem foram esses excelsos seres, denominados ainda de inteligências extraterrestres. Foram eles os responsáveis por nossa evolução e permanência no planeta Terra.

O certo, porém, é que todos esses amados filhos da mente divina continuam a nos assistir e nos orientar para o caminho da luz.

determinada.

Nesse momento chegou Zukov, que pedindo desculpas a todos pela intromissão, dirigiu-se a Hylion:

— Mestre, queria merecer a graça de poder acompanhar esses excelsos seres no trabalho pioneiro dedicado à evolução da humanidade terrestre.

— Antes de dar minha permissão, quero que saibas, bem como todos aqui presentes, que ao começar essa missão ficarão prisioneiros do tempo terrestre, até sua mudança da quinta para a sexta sub-raça da quinta raça-raiz, quando então todos poderão retornar aos seus planetas de origem.

Zukov ajoelhou-se aos pés de seu mestre, que o abençoou, dizendo:

— De agora em diante passarás a usar o nome Schua-Y--Am-B'uva, que significa "O ser existente por si próprio".

— Obrigado, mestre! Espero corresponder a vossa confiança.

— Não esqueçam — continuou Hylion — que todos serão considerados pelos terrestres como deuses, e passarão a ser chamados pela história de dinastias divinas. Será muito difícil fazer os homens entenderem que não são deuses, porém esse é um mal necessário, para avançar na evolução dos seres terrenos. Mas lembrem-se: o ideal será que a ajuda seja de forma indireta. Somente quando não for possível deverão interferir diretamente nos destinos da raça humana. É necessário que os seres terrestres pensem que são livres, que não são monitorados por nós. Acabou a direção do esquema planetário terrestre, que estava acumulada pelo senhor de Vênus; no momento o excelso senhor Maytréia assume essa posição, preparando a descida aos planos inferiores do adepto Sananda, que futuramente será conhecido como mestre Jeoshua, Jesus, e ocupará no futuro distante a posição de Maha-Choan, dirigente da Confraria Branca e do planeta Terra.

— Isso significa que esse adepto desde já vem adensando seus veículos e preparando-se para essa magna missão, já estando magneticamente unido ao senhor Maytréia? — perguntou Zarathusta.

— Perfeitamente, meu irmão, é isso que está acontecendo. Mas vamos recordar: Quetzalcoalt, Viracocha e Pacal Votan,

Erg - O Décimo Planeta

119

da constelação das Plêiades, irão para a região sul do planeta azul. Antulio, Nayarana e Payê-Suman de Sirius irão para a Atlântida, Rama, dessa mesma Constelação, irá para o vale do Indo. Numa, da Constelação do Cocheiro, Capela, irá para Mu. Para esse mesmo continente irá Aramu-Muru de Vênus, antes de se dirigir definitivamente para Tawantinsuyo. Zarathusta, Oanes, Melkisedek, da Constelação de Orion, para a região do Mediterrâneo, e Toth, também de Orion, para a região do rio Nilo. Karttikeia e nosso Schua-Y-Am-B'uva, oriundos do extinto planeta Erg, irão para a Etiópia.

Payê-Suman depois da Atlântida irá para o Baratzil, para Paititi, sendo responsável por essa terra. Por último, Sa-Hor, Skyrus e Milarepa, da constelação da Ursa Maior, irão para a região Norte do continente americano, que abrigará no futuro povos migrantes da raça vermelha.

A excelsa reunião terminou, e as naves se movimentaram nos céus de *Colope*. Estavam definitivamente traçados os destinos do planeta azul.

Até os dias de hoje esses excelsos seres ainda são cultuados por alguns como deuses, por outros como extraterrestres, que nos ensinaram vários conhecimentos científicos.

20
Na calada da noite

Dois vultos se destacaram da escuridão da noite, dirigindo-se para a enorme porta de entrada do Templo da Grande Serpente. Um dos guardas sequer saiu do seu posto de observação, e displicente dirigiu-se a um dos dois:

— Olá, Reubem! Vieste um pouco tarde hoje — disse jovial.

— De fato, hoje me atrasei — e apontou para o embrulho que carregava, com isso querendo justificar sua entrada no templo àquela hora. — Trouxe comigo meu auxiliar — e com um gesto de cabeça indicou o homem embuçado ao seu lado.

— Estás progredindo, já tens até auxiliares — o primeiro prorrompeu numa gargalhada.

Reubem não se perturbou. Enquanto esperava o guarda

destravar a porta, foi monologando em voz alta: "Será que vim tarde demais? Será que meu amo já está dormindo?".

— Vamos logo! — disse, entregando o grande embrulho ao homem mudo que o acompanhava.

No templo, àquela hora silencioso e vazio, ecoavam os passos cautelosos de Reubem e do homem mudo — Oduarpa, disfarçado em comprida capa. Reubem, por interesse, se tornara seu cúmplice contra o próprio amo.

Depois de percorrerem vários corredores sem encontrar ninguém, chegaram a um salão circular, onde se viam inúmeras portas fechadas

— É ali — e Reubem apontou para uma das portas.

— Ynará! — chamou em voz baixa. Como não respondessem, tornou a chamar, agora mais alto:

— Sacerdotisa Ynará! Sou eu, Reubem. Trago um recado urgente de Nofru.

O silêncio foi a única resposta. Parecia não haver ninguém no quarto da sacerdotisa Ynará.

❋ ❋ ❋

Estava escrito que aquela noite seria palco de importantes acontecimentos.

Vamos encontrar o grande conselheiro Kordam andando de um lado para o outro, a mente povoada dos mais desencontrados pensamentos. Depois de um certo tempo, sacudindo a cabeça como se quisesse lançar fora essas apreensões, tomou finalmente uma decisão. "Vou agora mesmo procurar Shemnis, o mestre do mago Oduarpa". Transformando esse pensamento em ação, enrolou-se numa comprida capa, para não ser reconhecido e ganhou a rua.

Esgueirando-se por entre os prédios, alcançou uma zona da cidade repleta de becos e ruelas. Orientando-se naquele confuso labirinto, viu-se afinal em frente a uma casa modesta, pintada de amarelo, construção baixa, de aspecto sórdido. Ali habitava, quando se encontrava em corpo físico, o mago Shemnis, que dirigia os templos dos irmãos da sombra em todo o continente de Aztlan.

Erg - O Décimo Planeta

Kordam bateu de leve, com o nó dos dedos, na porta de madeira carcomida pelo tempo. Não obtendo resposta, bateu com mais força, pronunciando o nome do mago. Ouviu-se um ruído de móveis se arrastando e a porta foi aberta, aparecendo no patamar a figura do mago.

— Mas é um prazer receber em minha humilde casa pessoa tão importante! — e deu um sorriso sinistro. — Entre, mestre Kordam.

— Desculpe o adiantado da hora, mas precisa-mos conversar com urgência.

— Tão urgente assim? — e o mago, com um suspiro de resignação ou enfado, convidou o conselheiro a sentar-se.

— Sim, grande mago. Desejo, ao mesmo tempo, aconselhar-me a respeito de algo que está me preocupando muito.

— Pois fale — Shemnis economizava as palavras.

— Estou seriamente preocupado com a situação atual.

— Por quê? Tu mesmo não me disseste que tudo estava saindo conforme planejado?

— Na ocasião estava.

— Por acaso não está mais?

— Não!

— Estou sabendo.

— Sabendo?

— Só não sei o que não quero — disse Shemnis, uma ponta de orgulho na voz.

— Então sabeis o que Oduarpa pretende fazer?

— É claro que sei.

— E não achais, grande mago, que isso pode prejudicar vossos planos?

— Estou ciente disso.

— Mas senhor, Habacab detém um poder igual ao do rei. Se raptarmos sua filha, como deseja Oduarpa, ele poderá convocar as forças guerreiras do reino, e desencadear uma guerra indesejável para nós. O sumo sacerdote conta com a simpatia de toda a nobreza, além do apoio dos generais comandantes — Kordam estava agitado e aflito.

Shemnis não parecia nem um pouco preocupado, e com indiferença perguntou:

— Afinal, que queres que eu faça?

— No mínimo impedir que Oduarpa faça essa loucura.

— Muito tarde, Kordam, muito tarde. Ele já fez o que chamas de loucura. O mal, como dizes, está consumado.

— E encarais esse fato tão grave com toda essa calma, com tanta indiferença?

— Fatos muito piores estão para acontecer.

— Piores?

— Sim, Kordam. Uma grande catástrofe irá se abater sobre nossa terra. Isso sim, me preocupa muito.

O conselheiro do rei, ante essas palavras do mago, ficou bastante assustado; procurando manter a calma, arriscou uma pergunta.

— O que sabeis, grande mago, sobre essa catástrofe?

— Tudo. Sei tudo que irá acontecer — e encarou Kordam.

— Mas... poderia saber... me dizer mais um pouco?

Shemnis cruzou os braços, olhou para o alto, e com uma postura solene, disse, enfático:

— Infelizes daqueles que estiverem encarnados.

— Senhor! suplico! O que sabeis?

— Só posso adiantar que muito pouco restará deste país.

— Mas... mas... — não conseguiu finalizar a frase. Kordam agora estava apavorado.

O mago Shemnis olhou com desprezo o conselheiro, inerme a sua frente.

— Enquanto é tempo toma providências quanto a tua pessoa.

— Quais providências? — Kordam estava atônito.

— Só isso é que posso adiantar. E já é muito! — e o mago deu um risinho. — Um meteoro gigante irá se chocar com nosso planeta — finalizou com displicência.

— Por favor, dizei! Quando será, quando? — Kordam estava no auge da aflição, inteiramente descontrolado.

— Muito breve — foi só o que respondeu Shemnis, desaparecendo no ar, deixando o pobre conselheiro sozinho com seus medos, na semi-obscuridade da sala.

❊ ❊ ❊

Habacab esperava sua filha na nave central do templo, para juntos, como faziam todos os dias, realizar uma cerimônia votiva aos deuses protetores. Mandou um serviçal até os aposentos particulares de Ynará, para verificar o motivo da inexplicável demora. Já começava a se impacientar quando o outro, depois de um tempo que lhe pareceu interminável, voltou com a notícia da ausência de sua filha.

— Senhor, a grande sacerdotisa não se encontra em seus aposentos — e curvou-se reverente.

— Impossível! Verificaste direito? — O sumo sacerdote passou num átimo de segundo da surpresa à preocupação, e uma ruga sulcou sua testa.

— Perfeitamente, meu senhor — o serviçal ainda conservava, humilde, a mesma posição reverente.

Habacab achou isso muito estranho. Ynará, desde que passara a ocupar o cargo de grande sacerdotisa do fogo sagrado, não mais se ausentara do templo. Dirigiu-se apressado e cheio de inquietações até os aposentos de sua filha.

Depois de constatada a ausência de Ynará, houve um pandemônio geral. Ordens desencontradas eram gritadas, havia correrias pelos largos corredores do templo, e um exército de serviçais e sacerdotes vasculhava cada dependência. Mas, como não poderia deixar de ser, as investigações terminaram na portaria do templo. Nofru, que acordara com o inusitado alarido, coração apertado pelas notícias desencontradas, depois de revistar várias salas chegou até o porteiro, e então o mistério do desaparecimento foi revelado.

Habacab demonstrou, depois que Nofru lhe deu ciência da presença de Oduarpa no templo altas horas da noite, ser um homem de ação. Sem perder mais um minuto sequer, seguido de perto por Nofru, que conseguira convencer a acompanhá-lo, dirigiu-se ao palácio real.

A audiência com Ravana foi rápida. Usando sua autoridade, Habacab pressionou o monarca, fazendo-o ver o perigo que todo o reinado corria com a impunidade dos magos negros, especialmente Oduarpa, que se tornava cada vez mais petulante e, segundo ele, incontrolável.

Ravana pareceu impressionado com a audácia do mago ne-

124   Roger Feraudy

gro e, como a influência de Habacab era de fato preponderante, convocou com urgência seus generais, para organizar um plano de ação. Acreditava o rei que Ynará ainda se encontrava no palácio de Oduarpa, e que um ataque inesperado daria bons resultados.

Ali mesmo deliberaram como agir nessa sortida, quantos homens seriam utilizados e que quantidade de armamentos levariam.

Nofru, que se conservara calado, dirigiu-se respeitoso ao rei, solicitando:

— Majestade, gostaria que me fosse permitido seguir com os homens de armas.

Só então Ravana notou a presença do jovem, e inquiriu com um olhar a Habacab.

— Esse jovem, senhor, é Nofru, estudante em meu templo, príncipe herdeiro do rei das Terras Roxas, Zagreu, e pretendente à mão de minha filha — disse o sumo sacerdote.

— Perdão, Majestade, pela intromissão, mas posso ser de grande utilidade, pois como estive hospedado no palácio de Oduarpa, conheço bem todas as suas dependências.

21
As grande migrações

Os grandes mestres cósmicos da constelação de Orion, antes de começar o trabalho que lhes fora determinado pelos dirigentes planetários, analisaram a situação evolutiva em que se encontravam os seres humanos que habitavam a Atlântida.

O que observaram não foi nada favorável: os terrenos haviam atingido um relativo avanço material, segundo seus padrões de avaliação, mas que não acompanharam os estágios de progresso espirituais propostos séculos atrás, quando pela primeira vez deram assistência às nascentes civilizações terrenas.

Mais uma vez, devemos lembrar ao leitor que a grande transformação que se verificou no planeta Terra, a passagem do reino animal para hominal, deveu-se tão-somente a esses excelsos seres, que por meio de mutações genéticas modificaram o DNA dos indivíduos primitivos, para mais tarde, em inúmeras combinações, conseguir um modelo o mais aproximado possível do *homo sapiens* atual. Portanto, os seres do espaço somos nós, filhos das estrelas, e fazem sentido as antigas palavras: "Sois deuses e tendes esquecido".

O eco da existência de uma civilização anterior ao que chamam de pré-história nos chega até hoje em relatos deformados pelos mitos e lendas. Podemos atestar a veracidade dessas informações nos inúmeros quebra-cabeças arqueológicos, antropológicos e no próprio livro sagrado do Ocidente, a *Bíblia*. "E viram os filhos dos deuses que as filhas dos homens eram belas e tomaram esposas para si". Isso é uma alusão clara ao que afirmamos anteriormente.

Voltavam outra vez os seres do espaço, para continuar o trabalho interrompido séculos atrás.

— Acho que ainda é muito cedo para começarmos a instruir diretamente os seres humanos — disse Quetzalcoalt, na primeira reunião, no interior da nave-mãe, situada a vários quilômetros da Terra.

Os outros concordaram Payê-Suman e Antúlio tomaram a palavra para sugerir, falando quase que ao mesmo tempo:

— Achamos que devemos tomar uma decisão antes da grande catástrofe.

— E o que faríamos? — perguntou Viracocha.

— Creio que antes de mais nada, teremos que preservar o máximo que pudermos dessa raça — disse Pacau Votan com convicção.

Todos concordaram, e Narayana, que se mantivera calado, deu sua opinião.

— Estou de pleno acordo, porém se esgota o tempo terreno, e devemos nos apressar se quisermos salvar essa raça da aniquilação quase total.

Como havia concordância entre todos, começaram imediatamente a agir. Dirigiram suas potentes energias para o mundo astral do planeta e atuaram sobre aqueles que se encontravam desdobrados do sono físico nesse plano. Foram escolhidos os que detinham alguma influência e poder de mando: governadores, reis, generais comandantes.

Foram provocados vários sonhos recorrentes nesses eleitos, determinando que deveriam migrar, indicando o local exato para onde deviam seguir, o número de pessoas, a condução adequada e a data para o início do êxodo parcial. Todos julgaram esses sonhos uma intuição ou inspiração divina. Quando cessou a atuação energética dos mestres cósmicos, já em várias partes da grande Atlântida começava a migração para as mais diferentes partes do globo terrestre.

Essa orientação indireta dos extraterrestres, para a maioria dos habitantes da grande Atlântida, serviu como preparação para as migrações. Posteriormente, inspirados por esses mestres cósmicos, grandes levas de atlantes migraram para a África, Ásia, Américas e região do Mediterrâneo, onde surgiram inúmeras civilizações.

Enquanto em diversos países do continente e nas mais diferentes províncias o movimento comandado pelos reis e governadores fervilhava com os preparativos para as migrações, Lanka parecia ignorar o que estava acontecendo; preocupada apenas com seus problemas locais, continuou indiferente aos graves acontecimentos que estavam para vir.

No futuro, Lanka iria fazer parte de uma das grandes ilhas, Ruta, que restaria do afundamento da grande Atlântida, recordada apenas na longínqua memória de seus poucos sobreviventes. As regiões, províncias e países da grande Atlântida, inclusive as chamadas Terras Roxas do rei Zagreu, desapareceram por entre explosões e maremotos, delas quase mais nada restando.

Os sobreviventes desse medonho cataclismo, segundo os mestres cósmicos, ainda tinham muito a oferecer às civilizações futuras que habitariam o planeta azul.

❊ ❊ ❊

Ynará foi acordando aos poucos, ainda meio tonta, sonolenta. Olhou ao redor, surpresa, e não reconheceu o lugar onde se encontrava. Era um salão enorme, decorado com enfeites dourados e tapeçarias que cobriam a maior parte das paredes.

Havia vários coxins espalhados pelo cômodo luxuoso; no chão grossos tapetes de coloração caramelo claro e nas janelas cortinas escarlates de seda. Ynará soergueu-se das almofadas, e intrigada procurou coordenar as idéias desencontradas. Não tinha a menor lembrança de como tinha ido parar ali. Um vazio ocupava sua mente, sem qualquer explicação, e de tanto pensar sua cabeça começou a doer.

Levantou-se, cambaleando, chegou até a enorme porta de duas folhas que estava fechada. Ainda perplexa, sentindo que ia desmaiar, procurou deitar-se nos almofadões. Tudo rodava ao seu redor. Então deixou-se ficar deitada, tentando sossegar seu espírito conturbado e controlar as batidas rápidas do coração. Um ruído na porta chamou sua atenção. Um homem alto, sorridente, entrou no salão, dirigindo-se à espantada moça:

— Acordada? Vim saber como estás, se precisas de alguma coisa.

— Quem és? Onde estou? Como vim parar aqui? — as perguntas eram diretas e não denotavam qualquer medo ou receio.

— Calma! Uma pergunta de cada vez. Sou Oduarpa; já deves ter ouvido falar a meu respeito. Esta é minha casa e agora és minha hóspede.

— Hóspede contra minha vontade. Considero isso um abuso de sua parte, senhor. Sei perfeitamente quem é, e creio que me deve algumas explicações — agora a voz da sacerdotisa estava alterada.

O mago, impassível, sem alterar o tom de voz, respondeu, ignorando as alegações de Ynará:

— Desejas algum alimento? Em meu palácio servem-se deliciosas iguarias. O que gostarias de comer?

— Gostaria de saber como cheguei até aqui — e levantou-se, sem dar a perceber que ainda estava completamente tonta.

— Por que não descansas? Come alguma coisa, sossega teu espírito e aproveita minha hospitalidade — disse Oduarpa, sem responder a pergunta da sacerdotisa.

— Quero apenas saber como cheguei até aqui, mais nada — a moça estava visivelmente irritada, mas notava-se uma ponta de preocupação pela ruga que sulcava sua testa.

— Assim, nossa conversa não nos levará a lugar algum.

— Sou sua prisioneira?

— Minha hóspede.

— Então posso sair à vontade — e tentou dirigir-se para a porta.

— Impossível sair.

— Mas essa é a minha vontade.

— Tua vontade agora é a minha.

— Isso é um absurdo, uma arbitrariedade! — Ynará começava a se desesperar, mas mesmo assim tentou argumentar. — O que deseja afinal de mim? Seja claro, senhor! — perguntou por desencargo de consciência, pois já não esperava nada que esclarecesse essa intrigante situação. Foi pois com surpresa e incredulidade que obteve de Oduarpa uma resposta.

— Quero que seja minha esposa.

— Nunca, ouviu bem? Nunca! — Ynará repetiu, completamente alterada. — Nunca!

— Veremos — e aparentando a maior calma, prosseguiu: — Vou mandar Reubem, conheces, não? Trazer finas iguarias. Deves estar com fome.

Dando meia volta, sem mais uma palavra, deixou a sacerdotisa paralisada de espanto, ao mesmo tempo furiosa com o que ouvira e com sua impotência.

22
Uma perigosa missão

As forças armadas do rei Ravana, comandadas pelo general Ozyr, invadiram o palácio do mago Oduarpa de surpresa. Nada foi encontrado, para desespero de Nofru, que junto com Habacab havia se incorporado aos homens de armas. O prédio estava totalmente vazio. Devia ter sido abandonado às pressas, pois várias dependências encontravam-se desarrumadas e podia-se notar em todos os cômodos que tudo fora feito pela metade, os fugitivos não haviam tido tempo para deixar tudo em seus lugares.

O general, após ordenar aos seus homens que não deixassem um palmo de chão sem ser vistoriado, constatando que não havia mais nada a fazer ali, dirigiu-se ao acabrunhado Habacab, que esperava no saguão de entrada acompanhado por Nofru.

— Ilustre Habacab, nada foi encontrado.

— E agora, general? — o sumo sacerdote estava transtornado. Sempre muito seguro de si mesmo, encontrava-se, depois do desaparecimento de sua filha, incapaz de tomar qualquer deliberação.

— Se quer minha opinião, senhor, acredito que a essa hora, mago já levou sua filha para um lugar seguro.

— Deve ter ido para Zantar, as Terras Roxas — disse Nofru, a voz embargada pela aflição.

— Ó deuses! Que faço agora?

— Não tenho autoridade para invadir as Terras Roxas. Somente Sua Majestade, o rei Ravana, poderia tomar tal decisão. Mesmo assim a guerra seria inevitável — e o general começou a reunir seus homens para a retirada.

Habacab torcia as mãos de desespero. Lançou um olhar de súplica para Nofru, anteriormente tratado com a maior reserva e frieza, mas agora seu aliado no sofrimento. Procurou encontrar nele o amparo de que necessitava.

— Que faremos agora? — perguntou, desorientado,

— Vou para Zantar e trarei comigo Ynará! Nem que tenha que matar esse celerado, não recuarei um passo enquanto não colocar o meu amor em lugar seguro. Prometo solenemente, mestre Habacab: tereis vossa filha novamente nos braços. Juro pelos deuses imortais! — Nofru tremia, rosto crispado, punhos cerrados, resoluto, repleto de determinação e de ódio.

— Faça isso, meu... meu filho — conseguiu dizer o sumo sacerdote, enxugando uma lágrima, que teimava em escorrer pelo seu rosto contraído de dor.

✤ ✤ ✤

Zorane não se conformava com a presença de Ynará no palacete do seu senhor, Oduarpa, que ela amava. Sofria calada, vendo a cada dia aumentar o interesse do mago por aquela mulher, diminuindo muito as vezes em que ele a procurava.

Zorane sabia que jamais teria o seu amor, como também que sua condição de escrava a impedia de competir com Ynará; mas no fundo da alma ainda alimentava a esperança de que um dia Oduarpa a quisesse.

Naquela noite, depois que o mago, quase com indiferença, a carregou para seus aposentos, os pequenos momentos de felicidade, enquanto durou a intimidade entre os dois, transformaram-se em despeito e ódio pela prisioneira. Aos poucos, foi crescendo no fundo de seu coração o desejo de ver Ynará morta, ou afastada para sempre do seu senhor. Esse desejo, nessa noite tornou-se mais forte. Quando Oduarpa a enxotou de seu leito, Zorane chegou ao ápice de sua dor. Chorando, com o corpo e o espírito em frangalhos, dirigiu-se ao único amigo que possuía.

— Reubem — disse enxugando as lágrimas —, estou desesperada, não sei o que fazer — e prorrompeu em soluços, que tentou a custo abafar.

— Já sei, o motivo de sempre — e o rapaz procurou acalmar a moça.

— É, meu amigo, sempre que ele me procura, sofro mais um pouco.

Zorane, sempre que podia, costumava se aconselhar com Reubem, sem qualquer reserva ou temor de ser punida, pois seus interesses eram iguais. Ela queria se livrar da rival, causa de seus sofrimentos; ele cheio de remorso, por ter traído seu amo e amigo, buscava uma saída para consertar seu erro.

— Sabes muito bem que não tens qualquer chance.

— Sei perfeitamente.

— E então! Por que se desesperar?

— Não se pode fazer nada? — perguntou ela, desanimada.

— O que desejas de mim? Ou melhor, o que queres fazer? Vamos, diz!

— Só desejo duas coisas — respondeu abaixando o tom de voz. — Matá-la ou sumir com ela para sempre.

— Muito difíceis, ambos os desejos.

Zorane calou-se Reubem tomou as mãos da moça entre as suas e olhando-a bem dentro dos olhos, procurou assim acalmá-la.

Erg - O Décimo Planeta

131

— Vamos analisar a situação. Em primeiro lugar, sei que não desejas sinceramente matá-la. Conheço-te bastante para afirmar que, no fundo, não queres praticar essa barbaridade. Em segundo lugar, nosso objetivo é idêntico, mas por motivos diversos: o meu é livrar-me desse remorso e devolvê-la ao meu amo; o teu te livrares definitivamente de uma rival, causa de todo teu sofrimento. Concordas comigo?

— Plenamente.

— Ocorreu-me uma idéia que pode dar certo.

— Diz, meu amigo! — a moça estava tensa, ao mesmo tempo aflita e curiosa.

— Presta atenção: tudo vai depender exclusivamente de tua habilidade.

— Não estou entendendo.

— Já vais entender. Em primeiro lugar, vais verificar qual dos guardas que vigiam o aposento da sacerdotisa poderá ser seduzido.

— Seduzido?

— Isso mesmo. Será muito mais fácil do que pensas. És bastante jovem, atraente e bonita. Qualquer homem ficaria seduzido por teus encantos.

— Obrigada pelos elogios — disse ela, vaidosa.

— Continuando: irás te insinuar ao guarda escolhido, prometendo lhe mostrar as delícias do paraíso. Assim o levarás contigo para longe do seu posto. O outro guarda é problema meu.

— Terei que ceder aos seus desejos?

— É o preço que terás que pagar.

— E se ele depois me delatar?

— Ele não faria isso.

— Por que não?

— Simplesmente porque ao fazê-lo estaria se acusando também. Para ele, é importante que ninguém saiba que abandonou seu posto.

— E depois?

— Vais ficar quietinha em teus aposentos.

— E o outro guarda?

— Como disse, esse é problema meu, mortos não falam. Feito isso, retiro Ynará de sua prisão e a levo para o palácio do rei Zagreu e aos braços do meu amo.

— Será que vai dar certo? Tenho muito medo de meu senhor; ele parece adivinhar tudo!

— Veremos se ele é tão bom adivinho assim! — Reubem parecia muito confiante em seu plano e em si mesmo.

❊ ❊ ❊

Era tarde da noite e o palacete de Oduarpa estava em completo silêncio, quando um ruído na ala norte quebrou a quietude costumeira. Um vulto furtivo, andando com o máximo cuidado, deslocava-se rente às paredes, procurando fazer o mínimo de barulho para não ser percebido. O vulto entreparou, olhou em várias direções, procurando se orientar. Durou pouco a indecisão; logo começou a mover-se. Quando já se encontrava próximo aos aposentos ocupados pela sacerdotisa Ynará, de repente as luzes se acenderam e a figura do mago destacou-se por inteiro no corredor.

— Bem-vindo, Nofru! Não te esperava tão cedo! Mas é uma grata surpresa! — saudou, com um sorriso sarcástico, o jovem intruso, que espantado, não esboçou a menor reação.

23
Contato colonizador

Hylion reuniu novamente os mestres cósmicos, pois era necessário revelar instruções detalhadas sobre o Projeto Terra.

— Ficam todos encarregados, cada um no seu setor de preservar da catástrofe que os dirigentes planetários direcionaram para esse planeta aqueles que foram selecionados por nós, a fim de que possam, no futuro, completar nosso projeto colonizador.

— Essa tragédia era de absoluta necessidade? — perguntou Narayana.

— Sim! Era absolutamente necessária. Todos aqueles que irão perecer tiveram todas as oportunidades, mas preferiram regredir na escalada da evolução usando mal seu livre-arbítrio. Mas a porta não está fechada, e novas oportunidades virão, em

Erg - O Décimo Planeta

outras encarnações.

— Devemos nos posicionar à frente dessas vagas migratória em cada região? — perguntou Antúlio.

— Os que foram designados para conduzir cada uma das levas migratórias deverão permanecer com eles, até que chegue o momento adequado para que possam encarnar nos ergs que irão povoar determinadas regiões.

— Isso será realizado de forma gradativa? — perguntou Narayana.

— Exatamente. Quando houver qualquer avanço espiritual, individual ou coletivo. Fica a critério de cada um.

— E no momento de nos unir com os ergs encarnados? Teremos que encarnar também? — Payê-Suman questionou Hylion.

— Não necessariamente. De acordo com o avanço coletivo, espiritual ou material, de cada região, adotaremos uma maneira de atuar, que poderá ser encarnando ou simplesmente atuando em corpo físico, interagindo com essas humanidades salvas do cataclismo.

— Compreendo — disse Payê-Suman.

— Agora, o mais importante: depois desse acontecimento, que demonstrei ser necessário, o grande continente de Aztlan será dividido em duas ilhas, que os sobreviventes chamarão de Ruta e Daitya. Para a primeira serão conduzidos aqueles que necessitam os maiores cuidados, porque essa ilha abrigará os remanescentes dos embates entre a magia branca e negra. Nossos esforços serão dirigidos ao coração de cada um, para que possamos plantar as sementes do amor, e começar, lentamente, a ensinar que o intelecto está acima da força bruta. Com o desenvolvimento do intelecto, demonstraremos que existe acima de tudo o serviço dedicado ao semelhante e que tudo e todos no Universo estão conectados por uma Lei Maior, o amor universal.

Hylion acabava de dar suas últimas instruções, quando um mestre cósmico, que ainda não se juntara aos seus pares, aproximou suas vibrações aos ali presentes.

— Sou Alphion, das Plêiades, e venho solicitar a mestre Hylion permissão para acompanhar meus irmãos nas duas ilhas que restaram.

— Permissão concedida. Minha alma se rejubila com a presença de meu irmão cósmico. Acredito que falo por todos: seja bem vindo, nós o recebemos com imensa alegria e amor — disse Hylion, abraçando Alphion com seu corpo espiritual.

Após essa reunião nos confins do Cosmo, o mestre galático, expandindo sua consciência, a dirigiu para o *akasha*, o eterno presente do planeta Terra, e começou a estudar os detalhes dos acontecimentos além do espaço e do tempo. Sua atenção dirigiu-se para sua filha Thessá; todo o sofrimento, angústia e desespero dela invadiram sua alma, que em frações de segundos uniu-se àquele ser que tanto amava. Impotente para atuar diretamente, envolveu com suas vibrações os corpos sutis de Thessá. Quando sentiu que ela respondia aos seus apelos amorosos, sentindo-a mais fortalecida energeticamente, deu-se por satisfeito; com o olhar carinhoso de eterno pai, acompanhou, qual um anjo da guarda, os intrincados envolvimentos de sua filha na matéria.

Hylion deu um suspiro profundo. De seu belo rosto, feito inteiramente de luz, desceram duas lágrimas: a primeira ele imediatamente doou a Thessá; a segunda cresceu, transformando-se em enorme esfera brilhante, que foi entregue à raça humana inteira.

❄ ❄ ❄

Precisamos outra vez recuar no tempo terrestre.Vamos encontrar Nofru deseseperado com o seqüestro de Ynará. O jovem estudante teve uma longa conversa com o sumo sacerdote Habacab. Decidido, dirigiu-se às Terras Roxas, a procurar seu pai a fim de conseguir auxílio e libertar a sacerdotisa das garras do mago negro. Nofru tinha certeza de que Ynará se encontrava no palacete de Oduarpa em Zantar.

— Em vez de ires sozinho para as terras de teu pai, não seria mais sensato procurarmos o rei, e com ele conseguir homens armados suficientes para invadirmos o covil desse bandido? — Habacab enxugou uma lágrima furtiva.

— Seria a guerra!

Erg - O Décimo Planeta   135

— Que importa! Para libertar minha filha, iria às últimas conseqüências.

— Uma guerra, senhor, haveis de convir, demoraria muito; e tempo, para nós, é precioso.

— Mesmo assim, acredito que deveríamos tentar.

— Com todo respeito, senhor, acho muito mais eficiente o que pretendo fazer. Procurarei meu pai, que tem alguma ascendência sobre o mago; se ele nada conseguir, então apelarei para a força das armas — retrucou Nofru, aferrado às suas convicções.

O sumo sacerdote não parecia convencido. Balançou a cabeça, e quando se dirigiu ao outro foi para dizer:

— Vou seguir o que meu coração de pai pede. Irei agora mesmo procurar sua majestade, o rei Ravana.

— E eu, senhor, vou sem demora para o reino do meu pai — Nofru, sem mais perda de tempo, retirou-se da presença do deprimido Habacab.

❀ ❀ ❀

O diálogo entre pai e filho foi tenso, com lances de grande dramaticidade. De um lado Nofru suplicava, às vezes ameaçava, e de outro Zagreu ponderava, às vezes também ameaçando.

Não chegavam a um acordo, e quando seu pai lhe disse que nada poderia fazer contra seu amigo Oduarpa, Nofru chegou ao extremo do desespero; apelando para o amor paternal, tentou demover Zagreu de sua posição obstinada.

— Pai, é a mulher da minha vida, meu grande amor! Suplico mais uma vez; fala com ele para conseguir a libertação de Ynará! — rogou, caindo de joelhos.

O rei o pressou a levantá-lo.

— Não posso fazer isso, filho! — e condoído: — Uma mulher não pode valer mais que uma amizade de anos. Pensa bem, Nofru! Existem tantas mulheres nesse mundo!

— Eu não desejo todas as mulheres do mundo, pai, desejo apenas essa!

— Mas meu filho... por causa de uma mulher, mesmo sendo aquela que julgas amar, não posso arriscar minha posição, entrando em conflito com meu amigo Oduarpa.

— Eu não penso que amo. Adoro essa mulher, tenho certeza de que ela é minha alma gêmea! — interrompeu Nofru.

— Conforme dizia — continuou o rei sem se alterar —, esse mago tem enorme importância em nosso país. Temo que, contrariando-o, poderia desestabilizar meu reinado.

— Tua posição é definitiva?

— É essa minha opinião.

— Irrevogável?

— Irrevogável — repetiu o rei.

— Então não me resta outra alternativa. Vou sozinho conversar com Oduarpa.

— Isso é loucura!

— Loucura ou não, é o que preciso fazer.

Nofru, sem se despedir de seu pai, retirou-se do palácio real. Em seguida Nofru foi enfrentar Oduarpa.

— Veio conversar comigo ou tentar roubar minha... hóspede? — o mago deu um risinho sarcástico.

— Eu... desejava vos falar — respondeu titubeando.

— Conversar altas horas da noite?

— Sim, poderíamos chegar a um acordo.

— Ora, meu rapaz! Por acaso pensas que estás tratando com algum imbecil? Mas já que vieste, ótimo! Poupas meu trabalho — e sem prestar mais atenção ao seu inesperado invasor, elevou a voz, chamando seus guardas. — Levem esse homem! — e encarando-o: — És agora meu prisioneiro — declarou, indiferente aos protestos de Nofru.

Após esse breve incidente, considerado sem a menor importância pelo mago, ele se dirigiu a passos apressados para seus aposentos particulares. Ali já o esperava seu mestre, Shemnis.

— Mais uma vez cometeste dois erros graves — começou sem o menor preâmbulo o grande mago.

— Dois erros, mestre?

— Sabes muito bem o que fizeste!

— Não sei do que falais, senhor.

— Não te faças de desentendido, minha paciência tem limites.

Erg - O Décimo Planeta 137

— Mas, mestre...

Shemnis o interrompeu de forma ríspida:

— Não me faças perder tempo. Primeiro te envolveste com essa sacerdotisa. Agora acabas de praticar o segundo erro. Prendeste o filho do rei Zagreu. Este foi o pior equívoco.

— Mas, mestre... — Oduarpa tentou se justificar, no que foi impedido pelo outro.

— Cala-te e escuta. Pela derradeira vez, presta atenção e vê se fazes o que deves. Manda soltar imediatamente o filho do rei Zagreu. Quanto à moça, posteriormente te darei instruções a respeito. Acontecerá em breve um enorme cataclismo, que destruirá boa parte do país. Por essa razão, deves abandonar tudo e seguir para as terras do sul, que ficam além do grande oceano.

— Quando devo partir? — perguntou Oduarpa, submisso, sem mais procurar justificativas ou ponderar com seu mestre.

— O mais breve possível — foi a lacônica resposta de Shemnis. Sem mais uma palavra e ignorando seu discípulo, desapareceu como por encanto, deixando o mago, pela primeira vez, sem saber o que fazer.

24
O dilema de Zagreu

O rei Zagreu estava muito preocupado. Seu filho Nofru o desobedecera, não quis escutar seus conselhos, e já haviam se passado três dias sem que o soberano de Zantar tivesse a menor notícia do rebelde príncipe herdeiro. Já começava a pensar em entrar em contato com Oduarpa, quando seu conselheiro irrompeu na sala do trono, avisando que o sumo sacerdote do Templo da Grande Serpente de Lanka se encontrava no palácio e solicitava uma audiência privada.

— Faça-o entrar sem demora! — Zagreu ficou bastante intrigado com essa inusitada visita.

Habacab, desesperado, sem notícias da filha e de Nofru, e sem mais paciência para esperar, resolveu ele próprio seguir para Zantar, secundado por quatro sacerdotes e dez homens armados.

— Salve, grande soberano de todas as Terras Roxas! — saudou o sacerdote, curvando-se cordialmente. — Rogo humildemente que perdoe minha presença em vosso reino sem me anunciar previamente — e Habacab aboletou-se sem cerimônia no divã em frente ao monarca.

— Sois sempre bem vindo em toda Zantar!

— Sou muito grato por vossa acolhida; espero vossa compreensão e paciência em ouvir-me, Majestade.

— Pois falai, sem receio! — e Zagreu acomodou-se melhor no trono.

— Como não ignorais, minha filha, a sacerdotisa Ynará, que meu discípulo e vosso filho, o príncipe Nofru, corteja, foi raptada pelo mago Oduarpa.

— Tendes absoluta certeza de que foi esse mago o autor do seqüestro?

— Absoluta, senhor!

— E o que vos faz crer que ela se encontra em Zantar?

— Vosso próprio filho e os guardas do templo que se encontravam na porta de entrada.

— O que esperais que eu faça?

— Suplico-vos providências para acabar com o sofrimento de um pai — disse Habacab, enxugando uma lágrima.

Zagreu ficou longo tempo olhando o sacerdote, humilde e súplice à sua frente. O monarca refletia, calado, sem saber o que responder. Afinal, Oduarpa era seu amigo, e que importância tinha para ele uma mulher que nem conhecia, e achava que não era um bom partido para seu filho? Era uma mulher de outra raça, sem as qualidades necessárias para, com o príncipe herdeiro, constituir uma dinastia, com descendentes etíopes. A esposa adequada para Nofru já fora escolhida, portanto nem queria pensar em outra mulher para seu filho.

A torrente de pensamentos do monarca foi interrompida pela entrada intempestiva do seu conselheiro na sala do trono.

— Majestade! Majestade! — entrou aos gritos. — Seu filho, seu filho, o príncipe Nofru!

— Calma, Mobu, calma! Que há com meu filho?

— Recebi agora há pouco a notícia de que ele foi feito pri-

Erg - O Décimo Planeta   139

sioneiro do mago Oduarpa! — disse aos arrancos.

❀ ❀ ❀

A notícia correu célere por todos os templos das sombras. De imediato foi marcada uma reunião no mundo astral pelo mago Oduarpa. Seus vinte e cinco discípulos estavam ansiosos, pois jamais um conselho havia sido convocado com tamanha urgência e cercado de tanto sigilo. Cada mago era responsável pelo seu templo e atuava de forma independente, somente obedecendo a ordens de âmbito geral, que de tempos em tempos eram anunciadas pelo dirigente máximo, o mago Oduarpa. Agora, esta convocação de um conselho reunindo ao mesmo tempo todos os irmãos das sombras causou a maior surpresa, e por que não dizer, grande apreensão em todos eles.

Oduarpa chegou à reunião atrasado, evidentemente de propósito para provocar suspense. Sem qualquer preâmbulo, ou sequer agradecer a presença de seus subordinados, entrou direto no assunto:

— Senhores, tomei conhecimento pelo meu mestre, o grande Shemnis, de que um corpo celeste irá se chocar com o planeta, exatamente em Aztlan.

Houve um silêncio enorme após as palavras iniciais do mago, que correndo os olhos pela assistência, prosseguiu:

— Essa catástrofe terá conseqüências imprevisíveis em matéria de destruição.

— Que devemos fazer, mestre? — perguntou um dos discípulos, depois de alguns instantes de silêncio.

— A única solução é migrar para as terras do sul, além do grande oceano. Posso afirmar com segurança que essas terras serão poupadas do cataclismo.

— Quando devemos realizar essa migração?— perguntavam todos faziam, com desencontradas exclamações de estupor e apreensão.

— Meus irmãos, precisamos agora de muita calma, para podermos planejar com segurança tudo o que faremos — disse Oduarpa, conseguindo finalmente tranqüilizar todos os presentes.

140   Roger Feraudy

— Mestre, para onde iremos? — perguntou um dos magos.

— Para região mais adequada das terras do sul, chamada Baratzil. Lá existe uma pequena cidade já edificada com grandes blocos de pedra, habitada por mínima parcela de gente pouco civilizada, que poderemos dominar com facilidade. Ali construiremos nossos templos, e com o passar do tempo, dominaremos toda a região. O nome de nossa nova pátria é Itaoca, a cidade das pedras.

Todos falaram ao mesmo tempo, manifestando sua opinião. Quando por fim se calaram, Oduarpa, que a todos escutara, tomou novamente a palavra e deu suas últimas instruções:

— É necessário não perder mais tempo. Cada um realizará o planejamento necessário para a grande viagem, e imediatamente migrará para as terras do sul. Isso poderá ser feito em conjunto ou de forma individual, fica ao vosso critério. Particularmente, acho que devemos agir em grupo. Daqui a dois dias, nos reuniremos novamente no mundo astral, precisamente a esta mesma hora terrestre, quando iniciaremos o abandono de Aztlan.

※ ※ ※

Nofru, encerrado em um quarto pequeno, sem janelas ou qualquer mobiliário, exceto uma cama de ferro encostada em um dos cantos da parede, procurou acalmar sua indignação. Como primeira providência, começou a esmiuçar cada palmo de sua prisão. Vendo que era impossível qualquer tentativa de evasão, sentou-se na cama e começou a pensar na melhor maneira de se livrar dessa incômoda situação. Aos poucos, voltou os pensamentos para sua amada:

"Como estará Ynará? O que lhe terá acontecido? Terá o nefando mago lhe causado algum mal?"

Um grande desespero se apoderou de Nofru. Sentia-se impotente e, pior ainda, sem a menor notícia do seu amor.

Num impulso desesperado, atirou-se contra a porta, gritando em altos brados o nome de Oduarpa. Tudo inútil. O silêncio continuou. Nofru caiu soluçando de dor, cobrindo o rosto com as mãos, gemendo baixinho.

Um tempo que lhe pareceu interminável decorreu, até que a maciça porta foi aberta bruscamente, e a figura de Oduarpa se desenhou em seu portal.

— Levanta! Não querias ver a sacerdotisa Ynará? Pois então, levanta e vem comigo.

Nofru levantou-se e encarando o mago, falou de modo desassombrado:

— Podes estar certo de que o rei, meu pai, irá saber dessa tua conduta arbitrária.

— Estou morrendo de medo — retrucou o mago, zombeteiro.

❀ ❀ ❀

O rei Zagreu, depois de muito refletir, mandou um emissário convidar Oduarpa a comparecer ao palácio, para ter uma conversa amistosa. Como seus esforços de conciliação foram inúteis, dissipou as hesitações e resolveu agir.

Convocou as tropas armadas do reino, e à frente de seus homens, seguido por Habacab, que não quis de modo algum permanecer no palácio real, invadiu o palacete do mago Oduarpa.

Não encontraram resistência alguma. Todas as dependências estavam completamente vazias.

25
Schua-Y-Am-B'uva

Chegara o grande momento em que iria se desenrolar o maior drama cósmico de toda a humanidade terrena: a volta dos grandes seres extraterrestres, que voluntariamente atenderam ao chamado de Hylion, dirigente planetário de todo o Sistema Solar.

Pela segunda vez, após evos sem conta, esses augustos seres, abdicando de seu progresso evolutivo, iriam se unir à humanidade terrena, a fim de promover um avanço espiritual, psíquico e material. Esses mestres extraterrenos, unindo-se aos seres humanos, não só promoveriam um grande progresso civilizatório, mas também iriam conduzir essa primitiva humanidade da fase infantil à fase adulta. Sabiam que essa união os tornaria prisioneiros da matéria, sujeitos à Lei de Causa e Efeito, até que o planeta atingisse sua espiritualização total, ou seja, libertar-se da proteção do espírito planetário de Vênus. Então todos esses seres voltariam para as regiões do Cosmo de onde procederam.

Os chamados deuses, humanidades extraterrenas, atingiram um estágio evolutivo tão superior, inimaginável para nós, que não nascem ou morrem; sempre existiram, nunca houve um tempo em que eles não existissem.

— Nós somos Deus, voltando para Deus — poderiam dizer, ante a incompreensão humana.

O amor afastou esses grandes seres de seus orbes de origem, e esse exílio voluntário tornou possível ao planeta Terra continuar sua evolução e aos homens não ficarem órfãos, sem um lar planetário.

O mago galático Zukov, denominado de Schua-Y-Am-B'uva, "O nascido de si mesmo", estava nessa missão acompanhado por seis discípulos, também voluntários do planeta Colope. Sua tarefa era organizar a migração dos habitantes de Lanka para a região Norte, a zona montanhosa da grande Atlântida, que seria preservada da catástrofe. Aqueles já previamente escolhidos, por meio de uniões e modificações em seus DNA, seriam os precursores de uma nova sub-raça, os semitas originais. Era desígnio dos dirigentes planetários que uma parte dessa raça posteriormente migrasse para a região do Nilo, o antigo Egito, onde viria a florescer a grande civilização, que nos chega na época atual totalmente fragmentada e desfigurada, dando-nos apenas uma pálida idéia de seu esplendor. A outra leva de migrantes, semitas originais, iria localizar-se na Arábia, instalando-se próximo ao mar Morto, onde hoje é Israel.

Cada uma dessas adiantadas hierarquias estelares tinha já sua missão determinada. Por meio de induções oníricas e outras comunicações extrafísicas preliminares, não tiveram a menor dificuldade em fazer os contatos necessários com os habitantes das diferentes regiões da Atlântida.

O contato de Schua-Y-Am-B'uva com o rei Ravana de

Erg - O Décimo Planeta

143

Lanka foi muito fácil, porém com o sacerdote Habacab, outro elemento precioso para seu trabalho de aproximação com a espécie humana, os resultados foram desastrosos e, interrompeu mesmo toda sua programação futura. Por um processo de indução hipnótica, mostrou a Habacab sua vida no planeta Erg, onde havia sido Ulair, administrador do governador Ratinov. Como fora o responsável pela utilização do átomo desdobrado, criou um tremendo carma, e com isso assumira responsabilidade perante os milhões de egos desse antigo astro que desaparecera. Mas o sacerdote, ainda desesperado com o desaparecimento de sua filha Ynará, não mostrou o mínimo interesse em colaborar com aquele deus — assim ele pensava — que agora vinha lhe oferecer a salvação para seus sacerdotes e todos os ergs encarnados. Schua-Y-Am-B'uva tentou ainda mostrar a Habacab que ele não era um deus, mas sim seu amigo Zukov. Tudo em vão; obcecado com o rapto de sua filha pelo nefando mago Oduarpa, Habacab não quis ouvir mais nada, tapando os ouvidos com as mãos.

Ao surgir o nome Oduarpa, imediatamente Zukov o reconheceu como encarnação do inefável Rakasha. Pela primeira vez, aquele ser pertencente às hierarquias estelares, portanto, com grande adiantamento espiritual, perfeitamente cônscio de suas responsabilidades perante a Lei Maior, sofreu um abalo. Por um lado, compreendia a Lei de Causa e Efeito que encadeava todos os seres naquilo que chamavam de nascimento e morte. Como dirigente do drama cósmico, era o responsável pela evolução dos terrenos no planejamento dos grandes espíritos solares. Por outro lado, seu grande amor por Thessá, agora Ynará, falou bastante alto no coração do "Nascido por si mesmo". Sua luta íntima foi tremenda. Deveria atuar na coletividade, proteger e auxiliar comunidades inteiras, abandonando os casos particulares? Então, lembrou-se das sábias palavras de seu mestre Hylion: "A emoção é a última coisa que se perde na caminhada evolutiva".

— Filha de minha alma![9] Jamais te abandonarei, sempre poderás contar com teu amigo, que há de velar por ti enquanto possuir um mínimo de alento! — exclamou, batendo com os

---

9 Zukov, desde que Thessá nascera, sempre a tratou e a considerou como filha.

punhos cerrados no coração, ante o espantado Habacab.

Imediatamente fez-se profunda escuridão, como se o Sol houvesse de repente se apagado. Em seguida, o grande salão onde ambos se encontravam foi atravessado por luzes coloridas, seguidas por estrondos ensurdecedores, até que uma uma voz grave sobrepujou os demais ruídos.

— Tu traçaste teu próprio destino. Teu caminho agora é irreversível. Por tua própria vontade soberana estás envolvido com a espécie humana. Farás tua evolução diretamente ligado à humanidade, prisioneiro da ilusão e da forma.

A voz silenciou. Zukov, ainda abalado, meio aturdido, prosternou-se em prece:

— Perdão, mestre Hilyon, perdão!

— Quem sou eu para te perdoar, meu bom amigo? Até eu, com todas as responsabilidades e encargos de que fui investido, particularizo o amor por minha filha Thessá. Segue teu destino, Zukov, e obrigado por esse infinito amor por mim e por aquela que ainda ocupa um lugar especial no meu coração — disse Hylion em sua voz doce e serena.

Ocuparam imediatamente o lugar do mago galático Toth, da constelação de Orion, e Kartikeya do planeta Erg, a fim de continuiarem o planejamento das migrações da grande Atlântida.

❊ ❊ ❊

Nofru caminhava em silêncio na frente de Oduarpa, atravessando vários corredores que terminaram num grande salão, onde o mago recebia aqueles poucos privilegiados que privavam de sua amizade ou ainda que gozavam de sua proteção e do beneplácito de seus conselhos.

Reubem já os esperava, devia ter recebido ordens precisas, pois mal chegaram, dirigiu-se a Nofru:

— Por aqui, mestre.

— Traidor! Desgraçado! — exclamou Nofru, rubro de cólera, com as mãos crispadas em direção a Reubem.

Oduarpa se interpôs entre os dois, e calmo, voz compassada, disse:

— Não admito que ninguém grite em minha presença.

Erg - O Décimo Planeta   145

Aqui o único que pode gritar sou eu. Reubem, mostre a ele onde fica a porta de saída.

— Só me retiro levando comigo a sacerdotisa Ynará — e Nofru cruzou os braços, em atitude beligerante, a encarar o mago.

— Reubem — repetiu o mago sem se alterar —, mostre a porta de saída.

— Minha palavra é uma só. Sem Ynará não arredo um passo!

— Preferes sair a força? Não me custa nada chamar os guardas e te jogar para fora o palácio — Oduarpa riu, parecendo muito divertido.

— É assim que tratas o filho do teu amigo? — perguntou Nofru, ao sentir que nada adiantaria sua atitude hostil.

— Eu não tenho amigos! Amigo é aquele que me serve bem. Reubem, leve-o, se for preciso chame os guardas — disse displicente, dando as costas aos dois.

— Vem comigo, mestre.

— Como ousas me chamar de mestre, depois de me teres traído da forma mais vil?

— Vem comigo, que não irás te arrepender. Também fui enganado; mas para que possas me perdoar, eu te levarei até onde se encontra a sacerdotisa Ynará.

— Agora? Vamos! Não percamos mais tempo! — e Nofru deu vazão a toda sua alegria.

— Não, mestre! Agora é impossível! Ela se encontra muito bem guardada, mas eu soube que o mago Oduarpa irá fazer uma viagem. Então será o momento oportuno para agir.

— Quando ele irá viajar? — e Nofru impacientava-se.

— Muito em breve. Vou levar-te para um aposento onde entrarás em contato com alguém muito interessada no desaparecimento de Ynará.

— Quem é essa pessoa?

— Quem é não importa, posso dizer apenas que é muito minha amiga e de toda confiança. — Nofru não parecia muito convencido, mas o outro prosseguiu: — Confia em mim. Sei perfeitamente que depois de tudo que fiz tens motivo de sobra para desconfiar, mas, estou realmente arrependido e quero provar minha sinceridade.

Nofru fitou algum tempo o rosto de Reubem, e acreditou que poderia confiar novamente.

— Vamos então — e tomando o outro pelo braço, deixou-se levar para o interior do palácio.

26
Os senhores das sombras

Foram dias de intensa atividade e movimentação. Oduarpa, seguindo ordens expressas de seu mestre, o mago Shemnis, percorreu os doze templos da luz negra e pessoalmente transmitiu a mensagem do grande mestre, determinando que, com a maior urgência, seus magos dirigentes e todos os sacerdotes, discípulos, auxiliares e escravos, abandonassem os templos. Os locais destinados a essa migração súbita já estavam determinados. Suas estruturas básicas, como os altares e as naves principais para a execução das cerimônias e demais instalações já se encontravam prontas para receber seus oficiantes. Os dois principais templos de Lanka iriam para a região Norte do continente, acompanhados pelos quatro templos da região Leste; os seis restantes, localizados nas regiões Oeste e Nordeste, iriam para o sul da grande Atlântida.

Oduarpa fez a distribuição dos magos, de acordo com suas posições hierárquicas dentro da ordem, determinando para quais templos iriam, suas atribuições e responsabilidades. O mais importante templo de Lanka foi ocupado pelo seu discípulo mais adiantado, Thevetat. O mago logo abaixo em importância, nessa mesma região, que iria comandar os outros quatro templos, era Odudua, recém-chegado da Lemúria. Os seis restantes, espalhados pela região Sul, teriam um comando único, entregue ao mago Sishem.

Tais determinações haviam sido transmitidas pelo grande mago Shemnis, quando Oduarpa já estava pronto para viajar em direção ao Baratzil.

— Ficas no comando de todos os nossos irmãos — dissera.

— Eu me dirijo para a Lemúria, que em breve desaparecerá.

As regiões que irão abrigar nossos templos estarão a salvo do cataclismo que se abaterá sobre todo esse grande continente. Deves libertar imediatamente o filho do rei Zagreu, pois este monarca é de suma importância para todos nós, visto que os povos das terras roxas irão para a região Norte da Atlântida. Nossos templos ali situados terão a proteção material de Zagreu e seus súditos. Se algum mal acontecer a seu filho, não poderemos mais contar com esse apoio tão importante. Deves adiar momentaneamente teus projetos de viagem para depois que todos nossos projetos forem executados — concluiu Shemnis.

Oduarpa, depois dessa visita inesperada de seu mestre, contrariado mas submisso, soltara Nofru, como vimos anteriormente, deixando-o com Reubem. Em seguida foi até os aposentos onde conservava prisioneira a sacerdotisa Ynará. Só depois de tratar de seus assuntos particulares, Oduarpa executou as ordens de Shemnis.

De um momento para o outro, Lanka e as demais capitais de Aztlan viram, com surpresa, uma inusitada movimentação. Cidades inteiras pareciam se esvaziar num piscar de olhos, enquanto outras de repente aumentavam seu volume populacional.

Foram dias em que os mais estranhos fatos aconteceram!

❈ ❈ ❈

Aramu-Muru, no principal Templo da Luz Divina em Mu, examinava na tela astralina por ele criada, nos mínimos detalhes, o que ocorria nesse enorme continente. Sua atenção era dirigida para dois fatos principais.

O primeiro dizia respeito à mensagem que recebera do mestre Hylion e que agora podia verificar com precisão. Grandes maremotos, seguidos pela erupção de inúmeros vulcões, ameaçavam as costas do continente, e enormes rachaduras em sua crosta prenunciavam um desfecho calamitoso.

O segundo fato que observava atentamente era a ação dos senhores das sombras nos templos da luz negra. Aramu-Muru compreendeu que chegara o momento do confronto direto entre luz e sombra. Perante as leis cósmicas, seu papel era de suma importância, e sua atuação visava ao equilíbrio cósmico, nesse

148   Roger Feraudy

embate inevitável. Foram-lhe mostradas as limitações do mago Shemnis, seu compromisso perante a Lei e o enfraquecimento de sua magia, que o tornava vulnerável e fácil de ser derrotado. Não é difícil compreender o estado em que se encontrava o mago Shemnis. Atuando por séculos no continente lemuriano, com a finalidade de se fortalecer cada vez mais e exercer completo domínio sobre todos, unira suas vibrações às emanações telúricas do continente, possibilitando, por meio de práticas mágicas, a criação de um artificial,[10] que por efeito de ressonância iria desaparecer junto com a Lemúria. Este artificial era adensado, e cultuado no plano físico nos templos da luz negra, como uma divindade que fazia tanto o mal como o bem, capaz de aterrorizar todos os fiéis da magia negra, que ficavam assim subjugados ao seu poder, servindo aos propósitos dos magos das sombras.

Segundo a Lei Máxima do Cosmo, de que tudo está em permanente transformação, Shemnis, mesmo sendo um poderoso mago, com o passar dos séculos, contados em tempo terrestre, devia desaparecer como personalidade para renascer, caminhando para a luz ou para as trevas.

Aramu-Muru não desprezou esse momento tão particular da história do planeta Terra, e agiu com a maior presteza. Enviou sua potente vibração em direção ao templo da luz negra onde Shemnis se encontrava, produzindo uma barreira energética que aprisionou em seu interior todos os magos que ali se encontravam.

Dominado o mestre das artes negras, foi fácil para Aramu--Muru dissolver pelo poder da vontade e da mente o temível artificial, que desapareceu levando consigo os templos da luz negra. Os magos menores, que foram com Shemnis, alijados abruptamente para o mundo astral, ficaram sob o controle do espírito planetário de Vênus, que nessa época ainda tinha ingerência direta sobre o planeta Terra.

Nesse exato momento, a fúria da natureza desabou sobre o continente lemuriano. Sua crosta, infiltrada pelas lavas vulcânicas, rompeu-se. Em várias regiões, ondas gigantescas se

---

10 Artificial - É uma forma de pensamento criada na substância astro-mental e alimentada pela força da mente de seu criador, podendo ter uma vida mais ou menos longa.

Erg - O Décimo Planeta

abateram sobre as costas, leste e oeste; por entre explosões internas e convulsões geológicas o continente inteiro fragmentou-se, desaparecendo em um dia e uma noite no fundo do oceano. Restaram apenas os picos mais altos de suas inúmeras montanhas. Essa catástrofe sem precedentes refletiu-se em outras regiões do planeta, modificando a fisionomia geográfica de vários continentes.

Aramu-Muru, depois de reunir os rolos de pergaminhos que contavam toda a história das raças que haviam habitado o planeta azul, retirou do Templo da Luz Divina o enorme disco solar de ouro. Com vinte e cinco discípulos, rumou com cinco vimanas para onde hoje se localiza o Peru. Lá, cumprindo determinações do seu mestre, fundou, na recém formada cordilheira dos Andes, o Monastério dos Sete Raios, que num futuro distante iria propiciar a evolução espiritual das terras ao sul do planeta, denominadas na época Baratzil, a Terra das Estrelas.

❈ ❈ ❈

A terceira sub-raça atlante, os toltecas, ainda não encerrara sua contribuição à evolução da quarta raça. Os grandes mestres galáticos, atendendo à convocação de Hylion, voluntariamente tinham se integrado ao planejamento, que visava o avanço psíquico, espiritual e material da humanidade. Unidos aos seres humanos e cientes do cataclismo que iria se abater sobre o continente, começaram a separar grupos étnicos semelhantes e conduzi-los para diferentes regiões de Aztlan. Posteriormente, esses povos de pele vermelha começaram a migrar para fora da Atlântida, guiados por esses augustos seres da hierarquia estelar.

Os extraterrestres provenientes da constelação das Plêiades, mestres Viracocha e Pascal Votan, criaram a adiantada e esplendorosa civilização de Tihuanaco, que atingiu o ápice da cultura com suas realizações no terreno da ciência, arquitetura, política e organização social, que até hoje intrigam os cientistas. Aramu-Muru, quando lá chegou com seus discípulos, não encontrou quase mais nada dessa grandiosa civilização.

Mestre Toth, da constelação de Alfa do Centauro, uniu-se

aos semitas originais que haviam sido conduzidos para as regiões montanhosas ao norte de Aztlan, para depois migrarem para a região do rio Nilo; até hoje ninguém consegue entender por que quanto mais se recua no tempo, mais esplendor civilizatório e cultura se encontram no Egito das primeiras dinastias.

Os mestres da constelação da Ursa Maior, Skyrus e Milarepa, fizeram surgir no norte da América e Canadá uma brilhante civilização, restando dela apenas os chamados índios peles-vermelhas.

No Mediterrâneo, vários mestres galáticos deram sua contribuição. Podemos citar Oanes e Melkizedek de Orion, que implantaram as grandes civilizações dos persas e dos caldeus. Rama de Sírius atuou na Índia milenar.

Podemos afirmar de que existiram inúmeras pré-histórias e civilizações, talvez maiores que as atuais, que desapareceram, voltando esses povos ao estado de barbárie quando os assim chamados deuses extraterrestres se retiraram para seus lares de origem.

Enquanto isso, o continente de Aztlan, em decorrência do impacto do asteróide, pouco a pouco foi se desintegrando. Os vulcões inativos entraram em erupção, e o fundo dos mares se enrugou. Isso provocou inúmeros maremotos que acabaram ocasionando o rompimento da grande Atlântida, que afinal se viu reduzida a duas enormes ilhas, Ruta e Daitya.

27
Planejamento frustrado

Zorane acordou com uma batida suave em sua porta. Tinha o sono leve, de tanto ficar atenta ao menor movimento fora de seus aposentos, pois Oduarpa costumava a qualquer hora mandar alguém até o seu quarto, avisá-la de que desejava sua presença, sempre com a máxima urgência. A moça ocupava um cubículo no subsolo do palacete, isolado das outras dependências. Isso era bastante cômodo para o mago, pois a mantinha oculta, prisioneira dos seus caprichos.

Zorane pulou da enxerga, vestiu rápido um roupão sobre o

corpo nu, e esperançosa foi abrir a porta. Na verdade, a pobre moça, confinada voluntariamente, vivia esperando o chamado do mago, que amava de forma apaixonada. Um amor sofrido, que sabia ser impossível, mas no fundo do seu coração alimentava uma tênue esperança.

— És tu, Reubem! — disse, escancarando a porta, entre decepcionada e curiosa, olhando para o estranho que se postava logo atrás.

— Este é meu amo e senhor, Nofru, príncipe herdeiro do rei Zagreu. Precisamos falar sobre aquele assunto que já comentamos, de grande interesse para ti. Podemos entrar? — sem esperar resposta, foi entrando, puxando Nofru pelo braço.

Os dois se acomodaram da melhor forma possível no pequeno aposento, e Zorane iniciou o diálogo.

— Vamos ter uma ótima oportunidade — disse, indo direto ao assunto. — O mago Oduarpa vai se ausentar em breve numa viagem demorada, o que nos facilitará executar nosso plano. Então, esse príncipe é o amor da sacerdotisa Ynará? Sossegue, senhor, vai dar tudo certo. Meu quartinho é pequeno, mas tem sempre lugar para os amigos de meus amigos — disse com um sorriso.

— Será que ele vai viajar logo? — foi a única coisa que Nofru, agoniado, conseguiu perguntar.

Reubem respondeu, olhando de forma interrogativa para Zorane.

— Acredito que sim, mestre, sem isso nada poderá ser feito.

— Exatamente, príncipe Nofru. Mas fique tranqüilo, porque aqui ficará em segurança.

O jovem e aflito enamorado baixou a cabeça, conformado, e, mais para si mesmo, balbuciou:

— Seja feita a vontade dos deuses.

✿ ✿ ✿

Zukov, depois de meditar bastante, concluiu que tomara a resolução certa. Dirigiu sua poderosa vibração de amor para Hylion, seguida de um pedido de perdão, e entregou seu cargo e sua missão para o mestre Toth, que mais tarde seria conhecido como Osíris. Sem pensar mais um segundo sequer, desassombrado como sempre fora, passou a se dedicar à tarefa de salvar sua querida Thessá das garras do nefando mago.

— Sacerdote Habacab — disse Zukov, aparentando bastante calma e segurança —, sei onde se encontra sua filha neste momento.

O outro arregalou os olhos, esfregou as mãos e, balbuciou, entre aflito e espantado:

— O que diz, senhor!

— Sei onde se encontra sua filha — repetiu.

— Diga-me, senhor, acabe logo com o sofrimento de um pai desesperado!

— Calma, sacerdote. Estou aqui para resolver de vez esse problema. Acredite, embora talvez não possa compreender, o desaparecimento de Ynará também me diz respeito.

— Não entendo, senhor!

— Isso não tem a menor importância. No futuro, quem sabe, poderá entender. O que importa agora, é deliberarmos qual a melhor maneira de agir. De quantos homens poderá dispor?

— Combatentes, quer dizer?

— Exatamente! Homens válidos, capazes de lutar e nos obedecer cegamente.

— Creio que posso contar, além dos quinze sacerdotes que me são fiéis, com aproximadamente vinte e cinco guardas.

— E esses vinte e cinco guardas? Podemos confiar em todos eles?

— Podemos.

— Temos armas suficientes?

— Além de armas, vimanas[11] de vários tamanhos.

— Ótimo! — disse Zukov.

— Diga-me, o que pensa fazer?

— Temos que agir rápido. Em primeiro lugar, reunir os homens de que dispomos, fazê-los cientes da missão de resgate de Ynará.

— E o que pretendemos? — interrompeu Habacab. — O senhor ainda não disse claramente o que iremos fazer.

— Confia em mim?

— Claro que sim!

---

11 Vimanas - Barcos voadores.

Erg - O Décimo Planeta

— Então meu bom amigo, pretendemos a mesma coisa: salvar sua filha.

— De que maneira?

— Contando com o elemento surpresa. Precisa comunicar a seus homens que teremos que fazer uma pequena viagem.

— Para onde, senhor?

— Para o Baratzil, e lá...

Foram interrompidos pelo secretário de Habacab, que irrompeu de forma desabrida nos aposentos particulares do sumo sacerdote.

— Senhor, desculpe interromper, mas encontra-se no templo um emissário do rei Zagreu, que deseja uma audiência urgente.

Os dois se entreolharam, e Habacab ordenou, depois de consultar Zukov com um olhar:

— Conduz até a nave central o mensageiro do rei Zagreu. Vamos ver o que deseja o rei das Terras Roxas.

❀ ❀ ❀

Zorane, seguida de perto por Nofru, que caminhava em silêncio, dirigiu-se para o andar superior do palacete, onde Ynará estava encerrada em amplos aposentos.

Evitando os guardas que se postavam ao longo do comprido corredor, os dois, esgueirando-se contra as paredes, evitando a claridade, chegaram sem grandes dificuldades até a porta do quarto da sacerdotisa.

Oduarpa, prestes a abandonar de vez seu palacete, mantinha poucos homens em seu interior. Isso facilitou a incursão dos dois jovens, que puderam transitar pelas suas dependências.

Somente um guarda postava-se em frente à porta. Zorane surgiu de maneira inopinada a sua frente, um sorriso sedutor nos lábios.

— Faz muito calor, Atyr — disse docemente, com um trejeito sedutor. — É muito triste ficar sozinho numa noite quente, convidativa para se fazer coisas bem melhores do que ficar em pé, a cabeça povoada de pensamentos — pegando no braço de Atyr, foi conduzindo-o para um canto pouco iluminado, enquanto Nofru, com a chave que lhe dera Reubem, abria a porta do quarto de Ynará.

Nesse exato momento, uma sombra delineou-se contra a parede do corredor, e uma voz grossa ecoou no silêncio da noite.

— Não desistes nunca? — Oduarpa, como por encanto, surgiu bem à frente do espantado Nofru.

28
Mudanças radicais

Aqueles dias foram de intensa movimentação no grande continente da Atlântida. Mestre Toth, da constelação de Orion, conduziu o rei Ravana de Lanka e grande parte de seus súditos, todos procedentes de Erg, para a região Norte, zona montanhosa, onde os separou em duas grandes levas. A primeira migrou para o deserto próximo ao rio Nilo, dirigida por ele próprio; a segunda, guiada pelos mestres da constelação da Ursa Maior, Skyrus e Milarepa, para a América do Norte, onde hoje se localiza o Canadá.

O primeiro grupo espalhou-se pela árida região e fundou duas grandes civilizações, conhecidas atualmente como Egito e Etiópia. O segundo grupo se estabeleceu na região gelada próxima ao lago Winnippeg, na América do Norte, dando nascimento ao primitivo povo iroquês. Duas sub-raças de Aztlan tomaram parte nessas migrações: a vermelha, os toltecas, e a negra, os tlavatlis.

Essas migrações deram início ao plano mestres galáticos, a fim de preservar a espécie humana dos cataclismos que iriam se abater sobre a Atlântida.

Nessa época, aproveitando os exilados procedentes da constelação de Capela e a maioria dos encarnados vindos de Morg, o mago Oduarpa fortaleceu sua posição perante a Confraria dos Irmãos da Sombra. Fundou vários templos da luz negra, em diferentes regiões das duas ilhas Ruta e Daitya, sendo que na primeira ficava o principal monastério.

Oduarpa, ao saber do desaparecimento de seu mestre Shemnis, rápido tomou medidas drásticas; agindo de surpresa manteve sob seu controle todos os magos da confraria. Imediatamente convocou uma reunião. Mentiu, dizendo que mestre Shemnis o havia indicado para a direção dos monastérios e aproveitando a ascendência que sempre tivera, foi fácil ser alçado ao posto de supremo mago.

Tão logo consolidou sua posição, Oduarpa nomeou Thevetat, seu sucessor imediato em comando. Como não tivesse plena certeza do que aconteceria em Ruta, após tudo voltar à normalidade, não queria correr o mínimo risco. O mago almejava conquistar o mais depressa possível o objeto de seus desejos, a bela Ynará. Reuniu vinte discípulos, já conhecedores de seus planos de viagem às costas do Baratzil. Fez uma longa exposição, enumerando as vantagens de uma migração para Itaoca, a cidade das pedras, e sem perder mais tempo rumou para seu palacete.

❀ ❀ ❀

Habacab e Zukov receberam o emissário do rei Zagreu, que fazendo uma mesura, imediatamente relatou a mensagem do seu soberano.

— Mestre Habacab, senhor dos grandes mistérios do oculto e ilustre autoridade. Meu magnânimo rei de todas as Terras Roxas deseja fazer uma aliança com Vossa Excelência.

— Em que termos? — perguntou o sumo sacerdote.

— Meu soberano deseja unir suas forças com as do Templo da Grande Serpente, para fazer guerra ao mago Oduarpa.

— Por qual motivo quer unir suas forças às nossas, tão inferiores em número?

— Sua Majestade aposta na sua experiência e na de todos os sacerdotes do templo.

Habacab, com esse argumento, não sabia o que responder, e Zukov tomou a palavra.

— Perdão, mestre Habacab, pela minha intromissão, mas acho que devemos aceitar o oferecimento do rei Zagreu. As forças de que dispomos são insuficientes para enfrentar Oduarpa.

O emissário do rei continuou insistindo na proposta do seu senhor:

— Ele acredita nos poderes mágicos de Vossa Excelência, que unidos aos recursos que Sua Majestade também possui, os tornarão invencíveis. Pense bem, senhor, em nossa proposta.

Habacab decidiu-se.

— Tenho a máxima pressa em resgatar minha filha; penso que o rei Zagreu deseja o mesmo com relação ao seu filho Nofru. Portanto, vamos estabelecer onde e quando nos reuniremos, para prosseguir esta campanha de libertação.

— Teremos que atravessar o grande mar — disse Zukov.

— Ynará se encontra nas costas do Baratzil, prisioneira de Oduarpa em Itaoca, a cidade das pedras. Acredito que o filho do rei está nesse mesmo lugar.

— Este é um dado novo. O rei Zagreu acreditava que seu filho estivesse aprisionado em Lanka, no castelo de Oduarpa. Preciso me comunicar imediatamente com meu soberano, pois isto demandará preparativos para uma viagem.

— Eu também acreditava que Ynará estivesse aqui em Lanka. Mas não percamos mais tempo, o rei Zagreu precisa ser inteirado dessa notícia. Vamos invocar Kemnu, a sagrada deusa do fogo, no altar principal do templo. Ela fará seu monarca intuir essa nova informação e, tenho certeza, nos enviará suas instruções sobre como começarmos nossa viagem — juntando as palavras à ação, Habacab dirigiu-se para o altar mor.

— Espera! — disse Zukov, que não saíra do lugar em que estava. — Não há necessidade de invocar a deusa!

— Não estou entendendo.

— É muito simples — e Zukov sorriu para o espantado sumo sacerdote —, podemos trazer o rei agora aqui. Ou preferes ir até as Terras Roxas?

— Continuo sem entender!

O mago galático não respondeu. Caminhou lentamente até o altar principal do templo e, de cabeça curvada, entrou em profunda meditação. Fez-se silêncio de imediato; Habacab parecia impressionado, julgando aquele homem concentrado um ser superior. O emissário do rei, tremendo de temor sagrado, caiu de joelhos, mãos unidas em frente ao peito, em postura de prece.

Zukov permaneceu imóvel por alguns segundos. Logo

Erg - O Décimo Planeta

157

uma luminosidade fraca apareceu ao seu lado, pouco a pouco se condensando até se delinear a figura de um homem.

O rei Zagreu estava ali diante dos dois, que, com fisionomias de estupor, olhavam ora para o soberano, ora para Zukov, o qual sorridente, ignorando as mudas e atônitas testemunhas, levantou o braço direito e apontando para Zagreu, ordenou em voz pausada:

— Fala!

A imagem, antes imóvel, movimentou-se, e falou com voz clara e perfeitamente audível.

— Salve, grande sacerdote Habacab! Salve, senhor... — e olhou interrogativamente para o mago galático.

— Zukov — respondeu, e logo dirigiu-se ao sumo sacerdote. — Conta para o rei Zagreu tudo aquilo que combinamos.

Habacab ainda se encontrava em estado de choque. Balbuciando, não encontrava as palavras certas. Zukov então, tomando a iniciativa, colocou o rei Zagreu a par dos últimos acontecimentos e as deliberações que haviam tomado, esperando contar com o apoio do soberano das Terras Roxas.

O rei comprometeu-se a fornecer os homens e as armas necessárias e dentro de três dias se encontrariam no palácio do rei Zagreu. O senhor das Terras Roxas desapareceu, e Habacab continuou mudo de espanto ou temor religioso.

— Quem és, afinal? — conseguiu depois de algum tempo perguntar para Zukov. — Um deus?

— Apenas um homem que deseja ajudar — foi a evasiva resposta do mago galático.

O procedimento de enviar uma imagem animada para qualquer lugar era comum entre os povos que habitavam as constelações existentes no Cosmo. Depois de enfocado o corpo mental, o operador deslocava a consciência daquele que desejava transportar. Em seguida, usando a poderosa energia-vontade, agindo além do espaço, dotava aquela imagem virtual dos outros dois atributos divinos: sabedoria e atividade. Estava concluída a operação, que também podia ser realizada em sentido oposto.

29
Magia mortal

Nofru ficou completamente sem ação, ante o inesperado aparecimento do mago Oduarpa, o qual chamou dois guardas que num momento imobilizaram o atônito rapaz, que mal começara a abrir o quarto que aprisionava a sacerdotisa Ynará. Imediatamente, Zorane e Atyr já se encontravam frente a frente ao mago.

— Que dupla de traidores! — exclamou com um sorriso triunfal nos lábios. — Que devo fazer com os dois? Matá-los, ou quem sabe, deixá-los apodrecer nas minhas masmorras sem comida nem água?

Oduarpa, olhando ora para um, ora para outro, proferia ameaças terríveis para Atyr e Zorane.

— Quanto a ti, príncipe, mais tarde falaremos — disse, dirigindo-se a Nofru, que, seguro pelos dois guardas, conservava-se calado, fitando com ódio os olhos de Oduarpa.

— Perdão, senhor, perdão! Não queria traí-lo! — Zorane, chorando arrependida, debatia-se no chão, de rastos, procurando beijar os pés de Oduarpa.

— Infeliz! Cadela ordinária! — o mago chutou sem piedade o corpo da pobre moça.

— Perdão, meu querido amo e senhor! Por te amar muito, só queria afastar de vez essa sacerdotisa de nossa vida. Perdão, mil vezes perdão! — Zorane soluçava, procurando abraçar as pernas de Oduarpa.

O mago ignorou as súplicas e as lágrimas de sua escrava, e indiferente, deu aquela ordem terrível aos guardas:

— Joguem esta cadela dos penhascos ao mar! Levem o príncipe para o salão de audiências! — disse, frisando a palavra *príncipe* de forma sarcástica.

O palacete de Oduarpa localizava-se num morro à beira mar, cercado por rochas pontiagudas. Se alguém fosse atirado, teria morte certa; se o corpo caísse nos penhascos, era estraçalhado pelas pedras; se caísse no mar, seria devorado pelos enormes tubarões que infestavam essa região da costa. Portanto, Oduarpa decretava de forma definitiva a morte de Zorane.

— De que maneira desejas morrer? — perguntou para Nofru, amarrado por grossas cordas.

— Não terias coragem para depois enfrentar meu pai — disse, rilhando os dentes de cólera reprimida.

— Teria coragem para muito mais. — Oduarpa acomodou-se displicente em um divã.

— O rei Zagreu, meu pai, vai tomar conhecimento de tuas maldades.

— Quem irá se queixar ao soberano das Terras Roxas?

— Eu mesmo, logo que sair daqui.

— Quem disse que sairás? Ainda não me dissestes.

— O que desejas que eu diga?

— De que maneira queres morrer. Se faço tal pergunta é pela consideração que tenho para com teu pai — e riu ruidosamente.

Nofru ficou calado, olhando cheio de ódio para o rosto do mago, que em atitude zombeteira, cruzou os braços, e por um longo espaço de tempo permaneceu em silêncio.

Finalmente o mago aproximou-se do rapaz e com gestos vigorosos o desamarrou. Oduarpa levantou o braço direito e com o dedo indicador em riste apontou para o coração do filho do rei Zagreu. Nofru estremeceu, colocou as duas mãos no peito, soltando um grande grito. Empalideceu e, sempre apertando o coração, deu um suspiro fundo; um estertor sacudiu todo o seu corpo, e com um rodopio desabou no chão.

Nofru fora atingido mortalmente pela magia de Oduarpa. O príncipe herdeiro das Terras Roxas estava morto.

❉ ❉ ❉

Reubem longo tempo esperou por Nofru no local combinado. Sem saber o que fazer, o antigo escravo decidiu o que lhe pareceu melhor: foi para o palácio do rei Zagreu. Sem querer acertou, pois Habacab e Zukov tinham acabado de chegar em Zantar, as Terras Roxas. Reubem fez um relato completo de tudo que tinha planejado a fim de que Nofru libertasse a sacerdotisa Ynará.

O rei Zagreu, ao tomar conhecimento da situação, não perdeu mais tempo e reuniu suas tropas para invadir o palacete de Oduarpa.

— É pura perda de tempo — disse Zukov — o covil desse mago a essa hora está completamente vazio.

— É ver para crer — retrucou Zagreu. — Vamos invadir e, caso esse bandido tenha escapado, levando sua filha e meu filho, destruiremos tudo, não ficará pedra sobre pedra.

— Seja — disse Zukov —, embora tenha certeza de que esse celerado já está longe.

— Onde pode estar? Diga, pelo amor de todos os deuses! — perguntaram os dois pais.

— No Baratzil, para ser mais preciso, em Itaoca, a cidade das pedras. — Zukov sorriu com compreensão, diante da dor de Habacab e Zagreu.

❀ ❀ ❀

Ynará acordou com uma estranha sensação; não soube definir se era angústia ou dor. Sabia, de algum modo, que uma perda irreparável havia acontecido. Deixou-se ficar deitada nos coxins macios por vários minutos, quando uma luz, como se fosse um flash, acendeu-se em sua mente. O sonho que a deixara inquieta tornou-se claro nos mínimos detalhes.

Teria sido realmente sonho, ou uma comunicação do Além, fato que naquela época era comum?

O sonho começava com seu querido Nofru tentando abrir a porta do quarto onde ela se encontrava prisioneira. As tentativas foram infrutíferas, mas sua voz clara chegava até ela:

"Meu amor, não desanima. Estarei sempre ao teu lado, pois te amo muito. Logo te libertarei das garras desse infame."

Ouviu um ruído na porta, seguido de algumas palavras, que não conseguiu distinguir, mas ampliando sua visão enxergou com nitidez a cena que a horrorizou tanto, a ponto de quase a acordar. Presenciou, sem poder fazer um gesto sequer, Oduarpa matando seu amor.

Imediatamente foi transportada para outro lugar, com nuvens claras num céu límpido de um azul brilhante. Nofru, sorridente, estava ali bem junto e com carinho alisava seus cabe-

Erg - O Décimo Planeta

los e a beijava ternamente nos lábios. Foi um beijo apaixonado, longo; parecia que o tempo havia parado e nada mais existia, exceto Ynará e Nofru.

"Nada e ninguém poderá nos fazer mal, tampouco nos separar. Estou vivo, meu amor, a morte não existe. Agora cada vez mais estaremos juntos e nada, nunca mais, impedirá nossa união. Agora, minha querida, vivo uma outra vida, e nessa nova existência sei que jamais te deixarei, pois vivo em ti e por ti. O Cosmo inteiro nos abençoa, e nos protege porque nosso amor é imortal."

No sonho, a voz silenciou. Ynará, agora desperta e recordando tudo, teve um leve estremecimento por todo o corpo. Depois uma forte intuição lhe disse que tudo estava bem com seu amor, o que era verdade, pois Nofru encontrava-se liberto no mundo astral.

Teria ele realmente se comunicado da outra vida, para demonstrar que Ynará não estava só, e de agora em diante iria ampará-la, para que nada de mal lhe acontecesse?

A jovem sacerdotisa, depois de muito tempo, acordou sorrindo e acreditando que seu cativeiro estava prestes a terminar.

30
Kalami

O rei Zagreu, com dez vimanas e cem homens de armas, somados aos vinte e cinco guardas do templo de Habacab, atravessaram o oceano rumo ao Baratzil. Zukov, que demonstrara grande autoridade e profundos conhecimentos espirituais, que assombraram o monarca de Zantar, assumira o comando das tropas, chamando para si a responsabilidade de planejar e dirigir toda a operação.

Enquanto os barcos aéreos se dirigiam para a cidade das pedras, começavam as primeiras ressacas, que aos poucos se transformaram em maremotos; lentamente, com a fúria das águas, inúmeros vulcões começaram a entrar em erupção. Era o início da catástrofe que estava prestes a desabar sobre a grande Atlântida.

Os homens chefiados por Zukov acamparam próximo à cidade, e começaram a deliberar sobre qual a melhor maneira de atacar, com todas as precauções necessárias, para salvar incólumes Ynará e Nofru.

Embora Zukov, com sua extraordinária premonição e clarividência, já soubesse da morte do filho de Zagreu, não divulgou esse fato, dando prosseguimento aos planos de resgate, como se Nofru ainda continuasse prisioneiro do mago Oduarpa.

— A surpresa é a melhor arma — disse Zukov. — Vamos aproveitar essa vantagem para atingir com mais facilidade nosso objetivo.

— Meu querido filho! Teu pai logo estará contigo. Tem fé, Nofru, tem fé! — e o velho monarca enxugou uma lágrima que teimava em descer pelo seu rosto contraído.

Zukov não pôde evitar uma exclamação de tristeza e consternação, alma bondosa que era, sempre preocupado com as dores alheias.

Os homens de armas, sob o comando do mago galático, não perderam mais tempo. Formando duas colunas, uma pela direita e outra pela esquerda da enorme porta da cidade, sem fazer o menor barulho, atacaram. Logo no primeiro confronto, deixaram seis guardas que guarneciam a entrada fora de combate. A cidade estava silenciosa, parecia que todos dormiam. Julgando-se donos da situação, dirigiram-se cautelosos ao palácio principal, que deveria abrigar os dirigentes de Itaoca e o próprio Oduarpa. De repente, uma luz forte ofuscou os que se encontravam na frente da tropa, que mal puderam vislumbrar o mago Oduarpa. Este, vestindo uma armadura reluzente, impávido, se colocara à frente de seus homens.

— Atacar! — gritou Zukov, e avançou em direção do mago negro, seguido de perto por seus homens.

Oduarpa fez uns passes no ar, e imediatamente dez figuras enormes, simiescas, se materializaram na frente de sua tropa. Rosnando, dando gritos inumanos, aqueles arremedos de gorila disformes avançaram contra a primeira fileira de combatentes. Zukov estacou, elevou sua mão direita, e apontou em direção aos brutos peludos, que num átimo sumiram no ar. O mago galático, sempre com a mão direita elevada, dedo em

Erg - O Décimo Planeta
163

riste apontado para os combatentes de Oduarpa, gritou para seus comandados:

— Os escudos! Levantem os escudos à altura do peito!

Nesse momento, vários punhais voaram em direção das tropas de Zukov; esbarrando nos escudos, caíram no chão num ruído ensurdecedor.

Esses estratagemas eram comumente usados pelos magos negros. As formas monstruosas criadas pelo poder da vontade eram empregadas para paralisar seus oponentes pelo medo. Quase sempre dava certo e os combates eram vencidos com facilidade, pois seus adversários fugiam. Essa técnica consistia em adensar a matéria astral e etérica, depois dar-lhe a forma que quisessem, usando da energia-vontade. Os punhais voadores eram reais, e pelo mesmo poder, podiam sair de suas bainhas e atingir o coração dos oponentes.

O combate tornou-se encarniçado, com baixas em ambos os lados. Os combatentes evitaram usar as armas a laser, mas nos duelos a espada e lança ocorreu uma carnificina.

As tropas de Oduarpa começavam a ganhar terreno, a luta agora se efetuava fora do palácio; Zukov, bom estrategista, deu ordem de recuar. Nessa hora crucial, o mago negro cometeu seu primeiro erro. Recuou também suas tropas, voltando para o interior do palácio.

Nas cercanias da cidade das pedras, os comandados de Zukov fizeram uma parada para avaliar as baixas sofridas. Haviam morrido vinte homens de armas do rei e oito do templo de Habacab. Este não tomara parte no combate, e ficou, com quatro sacerdotes e dois homens de armas, esperando no acampamento provisório.

O rei Zagreu, mortalmente ferido, foi colocado numa maca improvisada, sendo assistido por seu conselheiro e Zukov, que colocando sua cabeça no colo, procurou aliviar-lhe o sofrimento com palavras de estímulo e carinho. A gravidade do seu estado foi logo percebida pelo mago, que mesmo assim continuou em seu desvelo.

— Prometes — conseguiu dizer, arfando, o monarca —, prometes, meu bom... meu bom... amigo, que irás... irás libertar... meu filho... prometes?

— Descansa! Calma! Claro que prometo! Farei de tudo ao meu alcance para libertar teu filho. Descansa um pouco e deixa Nofru por minha conta — e Zukov acomodou melhor a cabeça do rei.

Zagreu deu um suspiro fundo, revirou os olhos e levou as duas mãos à garganta, que sangrava bastante. Soltou um gemido alto, seguido de um estertor. Seu corpo estremeceu e com um arranco tentou soerguer-se, mas tombou de lado, morto.

Houve uma consternação geral ante essa tragédia inesperada. Zukov, sem perder a calma e o controle da situação, disse em voz de comando:

— Não adianta lamentar. É uma grande perda, todos estamos tristes, mas agora precisamos vingar a morte de nosso grande rei. Vamos atacar com mais energia, e se vencermos essa batalha, Zagreu, o senhor de Zantar, não só estará vitorioso como também vingado. Avante, meus bravos! Avante! Não descansaremos enquanto o último homem desse nefando mago não estiver morto!

As palavras de Zukov calaram fundo no ânimo de todos os combatentes; aqui e ali ouviram-se palavras de ordem e gritos selvagens dos homens, como uma onda que se eleva de repente, inundando de ódio aquela horda guerreira.

Zukov já começava a organizar sua tropa para novo ataque quando um homem, parecendo surgir do nada, encontrou-se a sua frente.

— Mago Zukov, ou devo dizer Schua-Y-Am-B'uva, o nascido por si mesmo? — perguntou o desconhecido.

O mago estremeceu ao ouvir o seu nome esotérico, e surpreso encarou o estranho a sua frente.

— Quem sois?

— Digamos que eu seja um simples mensageiro que veio indicar o melhor caminho para a vitória.

O estranho tinha um porte majestoso. Era alto, bem proporcionado, harmonioso. Tinha rosto oval encimado por olhos cor de mel, banhados de luz, um sorriso luminoso que dava a todo seu semblante uma aparência calma, determinando a todo o conjunto o aspecto de um homem superior, um ser elevado, muito acima da média dos padrões humanos.

Erg - O Décimo Planeta

— Sirvo ao meu mestre Sri Swami Aramu-Muru — continuou. — Sou, também para vos servir, Kalami de Shukra.

Zukov uniu as palmas das mãos em frente ao peito em saudação. Imediatamente reconheceu aquele irmão da Grande Confraria Cósmica ali presente; serviam ao mesmo mestre, Hylion, instrumentos dos dirigentes planetários.

— Bem-vindo, mestre! — inclinou-se reverente.

— Apenas Kalami, meu irmão.

— Nesta hora difícil, é uma verdadeira bênção contar com vossa augusta presença.

— Qual é a situação real? — perguntou Kalami.

— Mais de vinte e cinco baixas, e o pior, acabamos de perder o rei das Terras Roxas da Atlântida, Zagreu. Esse sacerdote é Habacab, de Lanka, superior do Templo da Grande Serpente. Sua filha, a sacerdotisa Ynará, é prisioneira do mago Oduarpa.

— A qual nós iremos libertar — disse Kalami, com firmeza.

Aquelas palavras foram um bálsamo para a alma aflita e atormentada do sumo sacerdote. Agradeceu, curvando-se reverente. Kalami, sempre humilde, e tendo para cada um palavras doces, provocava em quem se aproximava dele a impressão de que se tratava de um ser elevado.

— Fizemos a primeira investida — continuou Zukov seu relato —, e creio que não nos saímos mal, pois provocamos algumas baixas nas fileiras inimigas.

— Depois recuaram de forma estratégica?

— Exatamente! Só não consigo entender por que razão os nossos inimigos se retiraram para o interior do palácio!

— Muito simples. Já nos encontramos aqui em Itaoca há algum tempo, e conseguimos derrotar e expulsar da cidade das pedras grande parte dos magos negros, aqui instalados em seus templos. Oduarpa e seus asseclas são os últimos que restam, e por essa razão recuaram para seu covil, não querendo se arriscar fora da área que ainda conservam.

— Entendo.

— Agora, meu bom amigo, é a hora exata de atacar — disse Kalami, colocando de modo carinhoso as duas mãos nos ombros de Zukov.

166   Roger Feraudy

— Meu único temor é por Ynará, que considero como minha filha.

— Nada de mal irá lhe acontecer.

— Que os deuses o escutem — disse Habacab, cheio de esperança, endereçando a Kalami um meio-sorriso tímido.

— Os deuses sempre me escutam — respondeu Kalami com voz suave.

31
Hylion

Nofru sentiu-se leve, flutuando no ar. Num segundo — para ele um longo período de tempo —, viu sua vida passar como um filme pela mente. Vozes longínquas ecoavam: "Albiom! Albiom!".

Imediatamente, aquele que fora Nofru, o príncipe herdeiro de Zantar, sentiu-se livre das cadeias que o prendiam na matéria. Foi primeiro atraído para o centro da galáxia, e desmaiou no foco de puro amor que pulsava de Colope, irradiando-se para o mundo astral inteiro.

Esse estado de inconsciência foi passageiro e Nofru ou Albiom despertou lúcido, perfeitamente cônscio de que havia desencarnado. No mesmo instante, achou-se frente a frente com Hylion.

— Meu filho — disse o mestre na sua voz doce, repleta de amor por todos os seres —, creio que afinal compreendeste que a grande Lei, o carma, quando atua naqueles que estão cativos da matéria, aprisiona-os às causas e efeitos, impotentes para mudar os destinos previamente traçados. Eu avisei que, encarnando, tu e Thessá poderiam perder-se um do outro.

Albiom sentiu-se invadido por profunda tristeza:

— Thessá! Minha querida Thessá! Como pude falhar nesta vida que eu mesmo escolhi? Néscio, inconseqüente, julguei que podia, junto de meu amor, afrontar a grande Lei e ajudá-la a completar a missão que ela própria se propôs. Como pude ter sido tão presunçoso?

— Meu filho, foi uma decisão de amor. E o amor individual, que antecede o amor universal, é a única Lei Máxima no Cosmo. É por amor que o Grande Ser se doa numa infinita miríade de formas, e o Pai se sacrifica, crucificando-se na sua renúncia cósmica.

— O que devo fazer, mestre, para sublimar esse amor enorme que tenho por Thessá, e poder transmutá-lo no verdadeiro amor, o sublime amor universal?

— Quando ambos tiverem se libertado do amor preferencial, unilateral, por meio de inúmeras encarnações, atingirão o estágio do amor global.

— Haverá desencontros nessas encarnações?

— Serão inevitáveis os encontros e desencontros.

— Quantas vidas, mestre, terei que viver ainda?

— Inúmeras, filho meu.

— Com todo respeito, grande mestre, até quando deverei usar as várias vestimentas de carne?

— Posso adiantar que entre as encarnações necessárias ao teu aprimoramento espiritual, duas serão da máxima importância.

— Seria ousadia perguntar quais?

— Uma encarnação será no Baratzil, no Império de Paititi, na grande cidade circular Ophir. Ali serás um sacerdote do Altíssimo, conselheiro do mestre de Shukra (Vênus), Tamataê. A outra vida será como líder de uma colônia atlante que irá se estabelecer também nas costas do Baratzil. E muito, muito mais tarde, irás colaborar, do plano astral, com um importante movimento espiritual que o grande mestre Tamataê irá iniciar nessa mesma terra, herdeiro da tradição atlante e dos conhecimentos da Lei Divina, Aum-Pram.

— E Thessá, mestre? Ela está prisioneira daquele poderoso feiticeiro negro, e temo pelo que poderá lhe acontecer.

— Thessá, filha amada de minha alma, quis por livre vontade atuar nos mundos inferiores, encarnando para ajudar os humanos. Ela atingiu, embora de forma inconsciente, uma parcela, pequena é claro, de seus objetivos.

— Não entendi totalmente. Com toda humildade, mereço ser esclarecido?

— Ela despertou nesse mago negro, que só conhecia a

maldade, o orgulho desmedido, as baixas paixões carnais, o domínio pela força e imposição de sua vontade distorcida, uma pequena fagulha do sentimento superior, o amor. Esse vislumbre da primeira emoção é também o primeiro passo, embora tímido e vacilante, que poderá produzir o milagre da transformação. Não existe, filho meu, em toda a criação ninguém totalmente mau. Sempre brilhará uma pequena centelha dentro de cada ser, que poderá, quem sabe, ser o luzeiro de amanhã.

— Entendo, mestre. Mas se me permite, quando estaremos, eu e sua filha, juntos para sempre?

— Quando, no fim dos tempos dessa orgulhosa civilização humana, nós, filhos de Erg nos juntarmos à nova humanidade. Quando forem idênticos a nós. Não serão mais Albiom e Thessá; num hermafroditismo extrafísico, se tornarão apenas uma alma, um ser completo positivo e negativo, masculino-feminino, capaz de criar outros seres pela mente. Então os deuses irão habitar de novo o planeta azul. Para que possas aquietar tua alma, saiba que nosso irmão, o mestre galático Zukov, está no momento em Itaoca, a cidade das pedras do Baratzil.

— O mago poderá ajudar Thessá?

— Ele pensa que sim. Por esse motivo, embora fosse por amor paternal, ele abandonou sua missão e terá que expiar esse ato voluntário.

— O mago Zukov está encarnado?

— Ainda não — respondeu Hylion, uma sombra de tristeza enevoando seu belo rosto feito de luz. — Nosso irmão colocou em movimento a Lei Causal. Adotando a postura de protetor de minha filha, numa ação individual, ficou sujeito à Lei do Carma. Sofrerá o efeito dessa causa, que nunca é uma só, mas um novelo intrincado de várias conseqüências. A grande Lei passou a atuar, e resultou em uma encarnação. Preso nos laços da matéria, o mago Zukov terá que retornar em inúmeras vidas, até que num futuro distante venha outra vez juntar-se ao seu povo, os exilados de Erg.

— Esclareça minha ignorância, augusto mestre: essa união com os terrenos será somente com os provenientes de Erg?

— Não, filho meu; além de nós, várias humanidades adiantadíssimas de outros orbes, de outras constelações, também mais uma vez voltarão a se unir aos terrenos, pois no planeta azul já estiveram anteriormente. Todos aqueles que estiverem na mesma corrente vibratória receberão os efeitos benéficos dessa associação cósmica. O planeta Terra sairá então de sua infância para a maturidade, o espírito planetário deixará sua dependência do espírito planetário de Vênus. Com a maioridade do planeta azul, teremos outra vez uma humanidade de eleitos, uma nova era de ouro, que jamais deveria ter acabado.

— Vossos sábios ensinamentos, mestre Hylion, acalmam minha alma aflita. Agora posso compreender melhor o mecanismo que rege todo o Universo. A grande Lei, justa e equânime, mostra meu destino. Sei para onde vou, aguardo submisso e paciente os efeitos daquilo que eu mesmo provoquei. Seja sempre feita a vossa vontade, mestre, jamais a minha. Prosternado ante vossa sabedoria e vossa glória sou e serei um humilde servo de vossa incomensurável determinação.

Hylion abençoou Albiom. Depois, fazendo vários passes sobre sua cabeça, enviou-o completamente inconsciente para os planos superiores do mundo astral.

— Pobre Albiom! — disse para si mesmo. — Até eu que cheguei ao estágio evolutivo dos mestres, ainda não consegui me desligar inteiramente do amor paternal por Thessá. O que conseguirá ele? Terei o direito de condenar Albiom? — e uma lágrima, brilhante como um pingo de ouro, deslizou pelo sereno e belo rosto de luz do dirigente planetário.

❊ ❊ ❊

As últimas terras que restaram do que fora o continente lemuriano começavam a se esfacelar; estrondos terríveis eram seguidos pela lava dos vulcões que rugiam, semeando destruição; ventos de mais de duzentos quilômetros por hora carregavam tudo o que encontrassem pela frente; vagalhões de mais de trinta metros de altura se abatiam nas costas que ainda restavam; o oceano Pacífico engolia em suas profundezas o que ainda sobrara do enorme continente.

Houve uma série de estampidos, acompanhados por estrondos que sacudiam toda a superfície do continente. Uma escuridão espessa, como se o Sol tivesse se apagado, completou a destruição final de uma imponente civilização e um importante império do planeta, restando apenas os mais altos picos das montanhas que outrora ali existiram.

Quando a Lemúria desapareceu no oceano, começava a lenta destruição da chamada grande Atlântida.

Esse cataclismo sem precedentes foi acontecendo aos poucos; somente quando um enorme meteoro chocou-se contra seu solo, a Atlântida se dividiu em duas grandes ilhas.

Essa dramática catástrofe se refletiu nas mais distantes regiões do planeta. O eco desses trágicos acontecimentos nos chega, hoje deformado nos mitos e nas lendas. As narrativas oficiais nos relatam somente probabilidades ou incertezas, que não esclarecem essa parte obscura da História da civilização.

32
As tramas continuam

O rei Ravana havia sido industriado por Zukov, quando ainda possuía a outorga dos dirigentes planetários, e exercia plena autoridade sob o nome mágico de Schua-Y-Am-B'uva. Após ligeiras escaramuças, ocupou o trono na cidade de Ramakapura, com o apoio de suas tropas leais e do mestre Toth, que ficara com o cargo antes ocupado por Zukov. Ele providenciou a harmonia vibratória dessa região, para que o rei tivesse as condições necessárias para dirigir os destinos de seus súditos.

Ramakapura, nessa ocasião, ocupava o centro do que restara de Zantar, a antiga Terra Roxa do rei Zagreu, ao norte de Ruta. As futuras dinastias de Ravana, talvez o mais importante soberano de Aztlan, iriam construir a famosa cidade das portas de ouro, principal sede dos templos da luz, onde se desenrolaria a luta entre a magia negra e a branca.

Kordam, seu ministro conselheiro, que o havia acompanhado até Ramakapura, dirigiu-se para o templo principal, evitando ser notado pelos inúmeros transeuntes que circulavam pelas estreitas ruas nos subúrbios da cidade.

Foi conduzido ao imponente Templo da Serpente Negra, que se destacava, por suas proporções gigantescas, das demais construções ao redor. Depois de percorrer inúmeras salas, seu silencioso guia parou diante de uma porta de madeira entalhada por estranhos signos. A espera foi breve; logo penetrou num grande salão, onde se viam vários coxins forrados de um tecido brilhante, vermelho. Ao fundo havia dois tronos, e num deles um homem estava sentado.

— Salve, Thevetat!

O homem levantou-se, encarando seu visitante, e com um simples gesto de cabeça o cumprimentou.

Thevetat era alto, magro, rosto comprido, olhos ligeiramente estrábicos, nariz grande, afilado, mento pontudo e cabelos castanhos claros, ondulados, descendo até a altura dos ombros. Trajava um balandrau amarelo, justo no corpo, deixando ver os pés calçados por botas marrons.

— Por que demoraste tanto? — perguntou numa voz aguda, estridente, de acentos dissonantes.

— Ora, Thevetat! Sabes tão bem quanto eu que para poder te servir cada vez melhor, tenho que atender a todo instante Ravana, que não me deixa tempo para fazer outras coisas.

— Seja, mas vamos ao que nos interessa. Sei que estiveste com um mensageiro do outro lado do oceano. Vamos ver se nossas notícias conferem.

— Bem, não sei exatamente o que sabes — disse de forma evasiva, querendo sondar o mago. — Por minha vez, pouca coisa me contaram.

— Pouca coisa mas que preciso saber — retrucou Thevetat.

— Sei perfeitamente que tens condições de ver e ouvir, sem te afastares um milímetro sequer do teu templo.

O mago riu, mostrando na boca de lábios finos dentes irregulares; um verdadeiro esgar, que provocou um arrepio de mal estar em Kordam.

— Essa manhã, quando fiz minhas práticas em frente ao altar de cerimônias, vi uma batalha em Itaoca em que meu mestre Oduarpa estava empenhado. Combate renhido, onde não havia vencedores ou vencidos.

— A mesma coisa foi relatada ao rei Ravana — disse Kordam.

— Então ficamos na mesma! — Thevetat soltou uma praga.

O conselheiro do rei concordou. Depois de algum tempo de silêncio, Kordam perguntou:

— Quais são as ordens?

— Quero que seduzas o rei Ravana para que ele fique do nosso lado. Tens carta branca para lhe prometer qualquer coisa: ouro, poder, o que for preciso.

— Sabes bem que é uma empreitada difícil.

— Todo homem tem um preço, Kordam, lembra-te bem disso!

— Mais alguma coisa?

— Quero que sondes Mobu, o conselheiro do rei Zagreu. Ele está escondido na região que sobrou de Zantar. Quero saber a causa do desaparecimento do rei. Será fácil para ti saber disso tudo, pois tens trânsito livre com Mobu.

— Não conseguiste saber o paradeiro de Zagreu?

— Não soube de nada. Isso me intriga; como não ignoras, faz parte dos meus planos o apoio irrestrito do rei Zagreu.

— Mas hoje Zantar é um império decadente. Reduzido seu território pela catástrofe que se abateu sobre esse reinado, não vejo que importância possa ter para nossos planos.

— É desejo do meu mestre Oduarpa essa aliança, e tu conheces a visão que ele tem com respeito ao futuro.

— Mais alguma coisa?

— Mantém contato e o mais depressa que puderes, faz o que te pedi.

— Será feito — e sem uma palavra de despedida, ambos tomaram direções diferentes.

※ ※ ※

Oduarpa colocou seus homens de armas em posições estratégicas, na muralha em torno do palácio-templo. Ele próprio fez a ronda, percorrendo cada posição, dando ordens e exortando à luta seus comandados. Não queria surpresas. Ao verificar que tudo estava em ordem, deixou um discípulo de plantão, encarregado de dar o alarme ao primeiro sinal de invasão das

Erg - O Décimo Planeta

173

tropas inimigas.

— Já tens tuas ordens, Golam. Qualquer anormalidade, põe em ação o plano estabelecido.

Tomadas essas providências, o mago foi direto para os aposentos onde mantinha prisioneira Ynará.

— Pensaste direito na proposta que fiz? — perguntou.

A moça encarou o mago, e sem demonstrar surpresa pela sua entrada inopinada, disse com toda calma:

— Minha resposta continua a mesma.

— Por que tão obstinada?

— Ainda não te convenceste de que jamais serei tua?

— Sê sensata! Não entendeste ainda que não adianta resistir, que mais cedo ou mais tarde serás minha?

— Nunca, ouviste bem? Nunca!

— Por que recusas meu amor?

— Amor! Por acaso sabes o que é amor? Tu, um insensível, perverso e egoísta, vens agora falar de amor, depois de me manter, contra minha vontade, prisioneira dos teus desejos infames?

— É essa tua opinião a meu respeito?

— E outras ainda piores — retrucou, vermelha de raiva reprimida.

— Se fiz o que fiz, foi porque te amo, embora não acredites, e meu maior desejo é casar-me contigo.

— Ora, não me faças rir! — e zombeteira, Ynará enfrentou com sarcasmo as pretensões do mago.

Oduarpa, calado, ficou olhando para o rosto da moça. Aquela atitude da sacerdotisa sempre o tirava do sério, mas disfarçando sua frustração, controlando seu tom de voz, aparentemente tranqüilo, conseguiu dizer:

— Tu sabes que eu não precisaria implorar teu amor. Podia, se quisesse, te possuir a força.

— E terias nos braços apenas um corpo, inerte e sem vida.

— Mais uma vez, peço, considera minha proposta. Sendo minha mulher terias tudo o que quisesses. Um palácio para nele reinares, um templo para oficiares tuas cerimônias, todas as jóias mais raras e todo o ouro do mundo. Não haveria nada do que desejasses que eu não te desse! Imagina-te como a mu-

174   Roger Feraudy

lher mais rica e poderosa em todo o império, reinando sobre todos, realizando todos os teus desejos, até aqueles considerados impossíveis!

— Nada disso me interessa. Tenho e terei apenas um amor nesta vida: meu querido príncipe Nofru.

Oduarpa, ao ouvir esse nome, irritou-se. Aquela aparência calma e paciente desabou, e completamente descontrolado, vociferou:

— Nofru está morto, ouviste? Eu mesmo o matei!

— Mentira!

— Morto! Está morto! Queres ver com teus próprios olhos? — e fazendo com as mãos alguns passes no ar, materializou a cena da morte de Nofru.

— Isso é apenas um encantamento, um truque para me enganar! — Ynará, pálida, olhos arregalados, ficou olhando aquela cena.

— Viste bem o que aconteceu ao teu amor? — disse Oduarpa, desfazendo no ar aquela visão.

O diálogo ficou bastante difícil. Os dois, calados, frente a frente, se enfrentaram, desarmados gladiadores. Ynará estava agitada, rosto afogueado de cólera, Oduarpa tentava aparentar tranqüilidade. A sacerdotisa tomou a palavra, que saiu entrecortada por acentos de raiva:

— Tudo isso, tudo isso — repetiu quase gritando —, só me dá maiores motivos para te odiar! Se for verdade o que mostraste, o que não acredito, além de ódio passo a sentir desprezo por ti.

O mago ia dizer qualquer coisa, mas foi interrompido pelo alarme que soou alto. Dando meia volta, Oduarpa deixou o quarto da sacerdotisa sem falar mais nada.

A invasão do palácio-templo começara.

33
Uma amizade eterna

Itaoca, a cidade das pedras, situava-se a treze quilômetros da costa do Baratzil, antes da catástrofe que se abateu sobre a Atlântida. Pouco depois da primeira batalha contra Oduarpa, quando o grande continente foi rompido em dois, os efeitos se fizeram sentir em quase toda a costa; enquanto algumas regiões desapareciam no fundo do oceano, outras emergiam, mudando totalmente o contorno do litoral.

As terras que se elevaram nessa região, atualmente o estado do Piauí, fizeram que Itaoca ficasse localizada aproximadamente a cento e oitenta quilômetros de sua posição original.

O abalo sentido por todos foi violento. Enquanto o solo se acomodava, enormes rachaduras e tremores de terra aconteceram, acompanhados por ondas de mais de quatro metros, que cobriram boa parte da cidade das pedras. Alguns prédios racharam e outros desabaram, e ainda alguns foram engolidos nas entranhas do solo. O panorama de desolação custou a voltar ao normal. Inúmeras vidas desapareceram no caos reinante.

O palácio-templo onde se acoitava Oduarpa pouco sofreu. Fora construído sobre a rocha sólida, e embora sua estrutura inteira tremesse, passou incólume pela hecatombe. Quando o vendaval de quase cento e vinte quilômetros por hora amainou, a tropa de Zukov e Kalami, aproveitando-se da trégua forçada, começou a atender os feridos, os desabrigados, e a cremar os mortos, que já eram centenas. Fizeram um balanço dos estragos materiais, e com a alta tecnologia que Kalami possuía, puderam em curto espaço de tempo restaurar a cidade.

Habacab, que a cada dia mais se impacientava, foi sossegado em suas apreensões por Zukov, que lhe fez ver que Kalami sabia o que fazia.

— Não fiques preocupado; tão logo tivermos organizado Itaoca e atendido da melhor maneira possível seus habitantes, atacaremos com todas as nossas forças.

— Morro de medo só em pensar o que pode acontecer com minha filha.

— Não irá acontecer nada. Fica calmo, Oduarpa está acuado em seu palácio-templo, e não iria querer perder uma refém da importância de Ynará. É de todo interesse desse mago que tua filha permaneça incólume.

Nesse momento, perceberam que não estavam sozinhos no salão do templo de cristal rosa, que Kalami mandara construir para sua habitação e para ali realizar as cerimônias sagradas de união com o Ser Supremo.

176 Roger Feraudy

— Pelos sagrados deuses! — exclamou surpreso Zukov. — Mas é o meu irmão, o meu amigo, Agazyr!

— Ele mesmo! — disse, abraçando o mago com um amplo sorriso. — Não podia te deixar sozinho, depois de tua decisão de ajudar os seres humanos. Vim com a permissão de Hylion, portanto não precisas te preocupar.

— Diz, meu amigo, para poderes vir, tiveste que encarnar?

— Sossega; nada disso, continuo na glória do mestre Hylion, em corpo espiritual condensado. Terminada minha missão, volto para Colope — mentiu.

Zukov deu um suspiro de alívio. A súbita presença de Agazyr fez o julgar que seu amigo fizera a mesma escolha que ele. Sabia o mago galático que no futuro teria que encarnar. Embora o sumo sacerdote afirmasse que voltaria para seu planeta de origem, suspeitou que seu destino seria o mesmo que o dele.

— Ah! Meu querido amigo! Quanta nobreza de sentimentos, quanta generosidade! Que prova maior de amizade pode existir, do que alguém renunciar a si mesmo para se dedicar inteiramente a outrem? O que posso dizer, diante de tanto altruísmo, diante... diante... — Zukov não conseguia falar, voz embargada, olhos marejados de lágrimas.

— Não diga nada, meu irmão, meu amigo. Apenas uma coisa me fez tomar essa decisão: o amor que também aprendeste a cultivar.

Num impulso, Zukov estreitou Agazyr nos braços.

— Quando estivemos juntos em Erg, éramos invencíveis. Por que agora não poderemos ser outra vez? Temos ainda uma enorme vantagem: Kalami está conosco.

— Kalami, o discípulo de Aramu-Muru de Shukra?

— Ele mesmo.

Só então, reparando em Habacab, que acompanhava toda a conversa, disse.

— Mas que indelicadeza a minha! Este é o sumo sacerdote do templo principal de Lanka, mestre Habacab. Sua filha, a sacerdotisa Ynará...

— Já sei de tudo — interrompeu Agazyr. — Esqueces que vencemos aquilo que os terrenos chamam de tempo? Presente, passado ou futuro, para nós continuam sendo uma coisa só: o

Agora.

Os dois amigos, abraçados e seguidos de perto por Habacab, foram em busca de Kalami. Queriam apressar o início do combate final, pois ambos sabiam que o momento no tempo terrestre havia chegado. Porém tinham plena consciência de que o futuro, como o passado, não podia ser modificado por eles, apenas vivenciado, auxiliando a encontrar seus destinos os que se encontrassem ligados ao mesmo carma.

Os preparativos para a invasão do palácio-templo de Oduarpa estavam concluídos. Todos os detalhes foram analisados, e os homens de armas, divididos em três colunas. A da direita tinha à frente Zukov e Agazyr, a do centro Kalami, e a da esquerda Reubem, que desde que chegara a Itaoca, completamente fascinado, seguia o venusiano para onde quer que ele fosse. Quase suplicara para seguir à frente das tropas; para surpresa sua, Kalami, que tudo observava, nada escapando de seu controle, o indicou para o comando daquela coluna.

As tropas invasoras avançaram silenciosas. Já haviam ultrapassado a primeira muralha, quando foram subitamente atacadas pelos homens de Oduarpa. A luta foi violenta, mas ninguém recuou e as baixas se verificaram em ambos os lados.

O mago negro, de um torreão na parte frontal do palácio-templo, observava atento a batalha, enviando ordens estratégicas aos seus comandados. Percebeu que as tropas invasoras começavam a ganhar terreno. Gritou a seu lugar tenente, Ortamede, para recuarem. Como uma avalanche, os homens de Kalami transformaram as três colunas em uma só; em bloco, empurraram os defensores do mago das sombras para trás. A batalha prosseguiu no interior do palácio-templo, quando um raio de laser foi endereçado por Oduarpa, que descera do seu posto de observação, contra o coração de Kalami.

Reubem, que lutava ao seu lado, percebeu o gesto do mago negro. Sem hesitar um segundo, pulou à frente de Kalami, recebendo no peito o impacto do feixe de luz mortal. O rapaz caiu inerte aos pés de Zukov, que vinha um pouco atrás. Kalami, esquecendo o combate, ajoelhou-se junto ao corpo de Reubem, e colocando-lhe a cabeça no colo, procurou aliviar os últimos instantes do corajoso lutador.

— Calma, não te mexas — disse Kalami. — Já vamos cuidar de ti. Vais ficar bom. Sossega, meu bravo amigo.

Reubem deu um sorriso triste, tentou dizer alguma coisa, mas estremecendo, rolou de lado e, sem um gemido, fechou os olhos. Kalami levantou cuidadosamente o corpo de Reubem; com os olhos úmidos, determinou que com todo desvelo preparassem aquele corpo querido para a cremação.

Oduarpa, vendo que errara o alvo, retirou-se com sua guarda pessoal para dentro do palácio-templo, enquanto Ortamede continuava resistindo, defendendo o imenso portal que separava o átrio, onde combatiam, das dependências interiores.

Confiando em seus poderes mágicos, Oduarpa deu ordens precisas aos seus seis guardiões pessoais, para que colocassem a sua disposição uma vimana equipada para viagem. Rápido dirigiu-se aos aposentos onde mantinha presa Ynará e ante a espantada e temerosa sacerdotisa, foi logo dizendo:

— Não temos muito tempo. Pela última vez, aceitas ou não ser minha esposa?

— A resposta continua a mesma. Nunca serei tua!

Oduarpa, mais uma vez rejeitado, vermelho de cólera, avançou contra a indefesa Ynará. Seus dedos cúpidos percorreram o corpo da sacerdotisa, que lutava, chutando e arranhando o mago, e resistiu o quanto pôde. Mas a luta era desigual e pouco a pouco Oduarpa imobilizou sua vítima, jogando-a em cima dos coxins. Ynará podia sentir o bafo acre, forte, de seu rosto junto ao seu. Sua bata foi rasgada brutalmente, e Oduarpa a possuiu de forma selvagem e violenta.

Ynará, o corpo dormente de dor, a alma em frangalhos ante aquela brutalidade, permaneceu deitada, deixando que o ódio invadisse todo seu ser. As mãos crispadas ao lado do corpo pareciam querer esmagar aquele monstro que a fizera sofrer tanto. Puxou as cobertas sobre seu corpo nu, deixando escapar uma imprecação, com os dentes cerrados num ricto de repulsa.

Oduarpa ignorou as invectivas de repugnância e rancor e começou a vestir uma armadura de aço brilhante, que envolvia inteiramente seu corpo.

— Veste-te. Meu amor, nós dois vamos fazer uma pequena viagem — disse sarcástico. — Temos muito pouco tempo.

Erg - O Décimo Planeta

— Que tua viagem seja para as profundezas do Umbral, as mais baixas cavernas e grotões do mundo astral! — vociferou Ynará, completamente descontrolada.

— Que maneiras são essas? Uma sacerdotisa que... — não terminou a frase. A porta do quarto caiu com estrondo, arrombada com violência.

34
A princesa Edwina

Zantar, conhecido também como Terras Roxas, depois do cataclismo que desabara sobre a Atlântida, ficara reduzido a um pequeno território no extremo norte de Ruta há, entre o caos da cidade semi-destruída, via-se o palácio do rei Zagreu, o último representante da pura raça negra, tlavatli.

A reconstrução da outrora bela cidade começara. Mobu, o ministro conselheiro, depois de esperar em vão por vários dias a chegada de seu soberano, tomou para si esse encargo, bem como a direção dos negócios do reino, depois de consultar a princesa Edwina, sobrinha de Zagreu e natural herdeira do trono de Zantar.

Naquele tarde, Mobu, atarefado, mergulhado até o pescoço nos projetos de construção a fim de soerguer novamente a cidade, atendendo ao mesmo tempo os encarregados de vários setores desse trabalho gigantesco, custou a reparar num homem ricamente trajado, que procurava por todos os modos chamar sua atenção. Quando acabou de dar suas ordens e desabou, morto de cansaço, num divã ao seu lado, reparou no homem a sua frente.

— O que deseja, senhor? — perguntou Mobu resignado, já antevendo mais trabalho.

— Represento o sacerdote Thevetat de Ramakapura. Sou Sishem, o mago, venho da terra-mãe. Trago uma proposta do meu mestre.

— Estou atento.

— Antes é necessário lhe comunicar algo muito importante — e Sishem adotou uma postura solene. — Meu mestre recebeu uma notícia dolorosa, vinda do outro lado do oceano — e fez uma pausa, estudando a fisionomia de Mobu, que o ouvia calado.

— O senhor poderia ser mais claro? Como vê, estou repleto de trabalho, e o pouco tempo que me resta mal dá para resolver os assuntos do reino.

— Um pouco de paciência, mestre Mobu. A notícia é muito grave. Soubemos, eu e meu mestre Thevetat, da morte do rei Zagreu numa batalha ocorrida em Itaoca, no litoral do Baratzil.

O conselheiro deu um pulo do divã e lívido, encarou Sishem. A custo, conseguiu perguntar:

— O quê? Como diz, senhor? Isso... isso está confirmado?

— Está! Nosso grande mestre, o mago Oduarpa, fez essa comunicação. Não há engano possível! O rei Zagreu, bem como seu herdeiro, o príncipe Nofru, estão mortos.

— Pelos deuses imortais! — exclamou Mobu. — Então, a princesa Edwina é a herdeira do trono de Zantar.

— Exatamente. Meu mestre Thevetat, encaminha para a rainha Edwina a proposta de uma aliança — e frisou a palavra rainha.

— Vou avisar imediatamente a herdeira — Mobu evitou a palavra rainha. — Naturalmente o mago Thevetat há de querer um entrevista com ela, não é verdade? — Mobu, raposa velha, procurou ficar o mais neutro possível. — Por que tal interesse numa aliança com um reino tão pequeno e tão sem importância como o nosso?

— Claro, meu amigo. Como não ignora, nossa influência já se estende por quase toda Ruta. Apenas Lanka não está totalmente sob, digamos, nossa ingerência. Desse modo, com Zantar do nosso lado, ficaremos com o domínio de toda a ilha. Por isso todos os reinos de Ruta são importantes, quer sejam seus territórios maiores ou menores.

— E o rei Ravana de Lanka?

— Esse, sem demora também estará do nosso lado.

— Para quando o mago Thevetat deseja essa entrevista?

— Logo após Edwina ser entronizada como rainha de Zantar — disse Sishem, despedindo-se.

Erg - O Décimo Planeta

✻ ✻ ✻

Kordam teve uma longa entrevista com Thevetat, no palácio-templo Dragão Negro. Ficou acertado que ele enviaria homens de sua inteira confiança para todos os templos de Lanka, dando uma atenção especial ao Templo da Grande Serpente, do sumo sacerdote Habacab. Esses sacerdotes da confiança de Kordam deviam se infiltrar nos templos e fazer um trabalho indireto, sem chamar a atenção, nem impor abertamente suas idéias.

— Alguma notícia de Itaoca? — perguntou Thevetat, depois de acertadas as providências que Kordam iria tomar.

— Apenas aquelas de que já tomamos conhecimento.

— Tudo estava correndo conforme o que o mago Oduarpa havia planejado, até aparecer esse intrometido Kalami. O pior — disse soltando uma imprecação — é que ele possui um poder inacreditável.

— Nada pode ser feito contra ele?

— Nada. Mas Itaoca está longe e Oduarpa sabe o que faz. Vamos concentrar nossas energias em Ruta, e quando tivermos a ilha inteira sob nosso domínio, fortalecidos e irmanados na nossa fé, poderemos pensar na melhor maneira de derrotar Kalami.

Esse otimismo alardeado por Thevetat se baseava no fato de que quase todos os templos de Ruta estavam sob a direção dos magos das sombras. Novos templos da luz negra proliferavam a cada dia, transformando a ilha inteira num grande templo do Dragão Negro.

— E quanto ao rei Ravana? — perguntou Kordam, depois de alguns minutos de silêncio.

— Esse imbecil ainda resiste?

— Tenho certeza que, ao se ver sozinho, mudará de opinião. Continuo, conforme suas determinações, fazendo um trabalho persuasivo, mostrando-lhe as vantagens que os templos da luz negra oferecem a todos aqueles que governam.

— Ótimo! Continua, Kordam, e verás que não esqueço meus colaboradores e todos aqueles que me são fiéis. Outra coisa da maior importância: deves providenciar uma aproximação do príncipe herdeiro de Lanka, Navar, com a princesa Edwina. Um casamento entre os dois nos seria muito vantajoso.

— Grande mago, penso que isso será fácil, pois a princesa é apaixonada por Navar — disse Kordam.

Com um simples aceno de cabeça, os dois retiraram-se, cada um para um lado.

* * *

A princesa Edwina acordou aquela manhã com uma sensação estranha, indefinida, que oprimia seu coração. Vestiu-se mais rápido que o normal, prescindindo dos préstimos de sua escrava. Sem tomar seu desjejum, dirigiu-se para o salão contíguo aos seus aposentos particulares, ao altar onde reverenciava Devagni, a deusa do fogo destruidor, o alimentador das hostes malignas, que presas no baixo mundo astral, libertam-se quando esta deusa as vivifica com suas labaredas.

Acendeu um círio negro e um branco no altar de mármore, onde se via uma jarra branca, transparente, contendo um líquido viscoso, vários cristais de rocha de cor escura, espalhados de forma simétrica pelo altar, uma cruz de madeira negra tendo ao lado um crânio humano rodeado por sete cabaças pequenas, contendo um líquido vermelho, parecido com sangue.

— Ó deusa do fogo negro! Deusa Devagni, mostrai-me vossa augusta face e revelai-me o que acontece no mundo da ilusão da matéria!

Edwina queria uma resposta definitiva para aquilo que a vinha preocupando ultimamente: insinuações, a princípio veladas, mas no momento bastante claras. Por isso recorreu a uma das deusas mais poderosas de sua crença.

Seu preceptor, o mago Kenthor, a criara desde cedo, quando ficara órfã. Ele fora seu pai e sua mãe, lhe dera carinho e tudo lhe ensinara sobre a vida e os mistérios ocultos. Sempre insinuara repetidas vezes que um dia seria rainha de toda Zantar. Na véspera desse dia, Kenthor havia dito, quando faziam suas orações às divindades negras:

— Tu, minha filha, antes que o Sol se ponha amanhã no horizonte, serás conduzida ao trono das Terras Roxas. Afirmo

Erg - O Décimo Planeta

183

com toda certeza: teu tio, o rei Zagreu, está morto.

Uma neblina arroxeada começou a se formar ao lado do altar, e logo em seguida uma mulher materializou-se. Era de uma beleza invulgar. Rosto oval perfeito, olhos esverdeados, ligeiramente puxados, boca carnuda e sensual, cabelos dourados caindo em cascatas onduladas até a altura dos ombros, silhueta esguia, alta, coberta por uma bata justa, vermelha, que deixava a mostra os contornos perfeitos de seu corpo.

— O que desejas, mortal?

— Vossa bênção, senhora. Não duvido das previsões do mago Kenthor, mas se possível, gostaria que me revelásseis meu futuro. Imploro-vos, senhora da luz verdadeira!

Devagni permaneceu calada por alguns instantes. Seus olhos faiscavam, dardejando setas de luzes coloridas. Depois de algum tempo em que Edwina, tensa, esperava uma resposta, a deusa levantou o braço direito, apontando para o alto e falou na sua voz grave:

— Tu serás rainha e aquele com quem sonhas quase diariamente, será teu.

— O príncipe herdeiro de Ravana?

— Não sejas dissimulada, bem sabes que sim. Para isso, na tua coroação, oferece a primeira taça do brinde para ele. Mas há mais: deves fazer uma aliança com o mago Thevetat o mais breve possível.

— E o mago Oduarpa, senhora?

— Faz o que eu digo, sem mais perguntas — e um redemoinho cercou Devagni, que em segundos desapareceu.

35
Um torneio de magia

A porta foi arrombada com um estrondo enorme e lascas de madeira caíram dentro do quarto Kalami, à frente de Zukov, Agazyr e Habacab que o seguiam de perto, tendo logo atrás os combatentes invasores, penetrou na câmara privada do mago negro.

Os sacerdotes e os guardas do palácio-templo haviam fugido. Agora só restava o mago Oduarpa, que com Ynará prisioneira, se refugiara em seus aposentos particulares. Aguardava notícias de seus asseclas, pois tencionava, conforme o rumo que tomasse a batalha, escapar numa vimana já pronta para a fuga,

Oduarpa alimentava esperanças, aguardando a qualquer momento que a situação mudasse e o resultado da batalha lhe fosse favorável. Depois da brutalidade da posse, ignorando os sentimentos de sua vítima, o mago negro se preocupava unicamente com sua própria posição. Ignorava que Kalami derrotara seus seguidores, os sacerdotes das sombras, os últimos feiticeiros que ainda atuavam nos inúmeros templos de Itaoca.

Kalami ficou frente a frente com Oduarpa. Olhos nos olhos, ficaram parados se estudando, sem dizer uma única palavra.

— Para trás todos, deixem esse bruxo comigo! — ordenou Kalami.

Oduarpa recuou um passo e rápido segurou Ynará pelo pescoço, abraçando-a por trás. Ato contínuo, retirou com a mão esquerda, do lado da armadura, uma comprida adaga que colocou na garganta da sacerdotisa.

— Não há mais ninguém no palácio, estás derrotado! Entrega a moça. Vamos, não percamos mais tempo! — disse Kalami com voz de comando.

— Nunca! Ainda possuo um grande trunfo — respondeu com toda a calma Oduarpa, indicando com um gesto de cabeça, a moça que se debatia em seus braços.

Kalami não se impressionou nem um pouco com a atitude e a resposta do mago. Deu dois passos em direção a Oduarpa, que não recuou, pelo contrário, o enfrentou.

— Nem mais um passo, caso contrário a moça morre! — e juntando a palavra à ação, apertou mais a adaga na garganta de Ynará.

Um grito se ouviu, e Habacab já se precipitava para o interior do quarto, no que foi sustado por Zukov.

— Calma, Habacab! Kalami sabe o que faz!

— Vamos, entrega-te e solta imediatamente Ynará! Convence-te de que estás completamente derrotado — tranqüilo, o grande mestre procurava por métodos pacíficos conseguir sal-

Erg - O Décimo Planeta

185

var a vida da sacerdotisa.

Oduarpa, rangendo os dentes de ódio, retirou o braço direito do colo da sacerdotisa, mas com o esquerdo continuou pressionando com a adaga seu pescoço. Então, com o dedo direito em riste contra o peito de Kalami, pronunciou um encantamento.

Logo materializou-se uma figura horrenda, meio humana, meio animal, uma forma simiesca, enorme, com mais de quatro metros de altura, que babando e soltando urros assustadores, avançou na direção de Kalami.

O mestre emitiu da palma de sua mão direita um facho de luz violeta que envolveu totalmente o monstro horripilante, que numa fração de segundos desapareceu no ar.

— Vê o que faço com teus pensamentos-forma — disse Kalami, sempre muito calmo, um sorriso nos lábios.

O ambiente era tenso, e o silêncio só era quebrado pelas palavras trocadas entre os dois e os gemidos de desespero de Ynará, que continuava imóvel, servindo de escudo, no abraço do mago negro.

Oduarpa tentou nova magia. Invocou as forças negras do abismo umbralino, e imediatamente o quarto ficou repleto de anões disformes, armados de lanças pontiagudas que, a um sinal de comando do mago, avançaram contra Kalami. Este, com um simples gesto das mãos, como quem varre algo para longe, dissolveu num átimo aquela legião de mostrengos.

— Por que não te entregas? Para que resistir se sabes que não adianta? Devolve-me a moça e prometo que te deixarei ir embora livre — Kalami continuava dialogando, sem perder a serenidade.

— Pelos deuses imortais, solta-me! — conseguiu dizer Ynará, sufocada pelo braço apertado do mago negro.

Oduarpa não respondeu, apertou mais ainda o abraço que manietava a sacerdotisa. Soltando uma imprecação, conjurou os poderes do fogo, que em línguas escarlates elevaram-se, e como uma torrente investiram contra Kalami.

— Senhores do fogo devorador! Queimem o infiel! Reduzam a cinzas este mago blasfemo! — vociferou o bruxo.

Kalami, pela primeira vez elevando seu tom de voz, olhos

fitando o alto, pronunciou separando bem as sílabas:

— Ó Senhor Agni, supremo deva do elemento fogo universal, favoreça-me com sua força, com sua luz imortal que alimenta o Cosmo inteiro!

Imediatamente dirigiu sua energia vibratória contra o mago negro, repetindo as piedosas palavras dos grandes mestres:

— Antes que eu possa ferir, possa compreender, antes que eu possa destruir, possa construir, antes que eu possa odiar, possa amar! Porque se destruo a forma, construo no futuro o "ser" verdadeiro! — e num gesto de quem iria abraçar o fogaréu que já se aproximava de seu corpo, endereçou as labaredas contra Oduarpa.

Ao se ver envolvido pelo calor das chamas, numa fração de segundos o mago soltou sua prisioneira, que procurou escapulir. O feiticeiro porém foi mais rápido e, de forma automática, vibrou sua adaga contra o pescoço de Ynará, que com um grito lancinante, caiu morta, a cabeça quase separada do corpo.

Aquela que sacrificara sua evolução, para espontaneamente se dedicar a toda a humanidade terrestre, acabava de ser impedida de continuar sua missão benfeitora, por um ato momentâneo de desespero.

Três gritos soaram nessa hora: o de Habacab, um pai alucinado de dor, o do velho mago galático Zukov, tão pai ou mais que o sumo sacerdote, e o do sacerdote cientista Agazyr.

Oduarpa, aproveitando-se do estupor ocasionado pela imprevista cena, procurou escapar, correndo para um dos cantos do quarto, onde havia uma entrada para uma passagem secreta; mas Zukov, louco de dor, o atingiu com seu raio de laser, que penetrou por uma das frestas da armadura.

Com um grande grito, Oduarpa rodopiou, debatendo-se de encontro às paredes, enquanto procurava inutilmente arrancar sua armadura. Contorcendo-se de dor, o feiticeiro estatelou-se no chão. O raio mortal, abafado pela couraça de metal, começou a incinerar vivo o mago negro. Um cheiro de carne queimada invadiu todo o quarto. Oduarpa, estrebuchando soltava verdadeiros uivos de dor. Aos poucos foi parando de gemer, até ficar imóvel no chão, assado dentro de sua própria armadura.

A vida é feita de inúmeras repetições. Da mesma manei-

Erg - O Décimo Planeta

187

ra que viera ao mundo, consumindo tudo e todos nas chamas provocadas pela sua própria negatividade, saiu do mundo material. Destruído pelo fogo, que tanto pode ser destruidor como libertador.

Seria esse trágico acontecimento um princípio, um primeiro impulso em direção à luz, ou simplesmente uma última oportunidade perdida?

Somente o futuro poderia responder.

36
No outro lado da vida

Depois de uma entrevista bastante difícil e tensa com Thevetat, o novo imperador da cidade das Portas de Ouro, Kordam, ministro conselheiro do rei Ravana, dirigiu-se para Lanka. Estava disposto a demover o rei da sua idéia intransigente de impedir o enlace matrimonial do seu filho, o príncipe herdeiro Navar, com a princesa Edwina.

Após uma série de escaramuças e lutas internas entre diferentes facções, Thevetat, à frente de suas hostes de magos das sombras, depois da notícia da morte de Oduarpa, assumiu o comando dos templos da luz negra. Invadiu sem encontrar a menor resistência a cidade das Portas de Ouro, ali se instalou com todo seu estado maior, passando a governar quase toda a grande ilha de Ruta.

Era de suma importância para Thevetat a aliança matrimonial de Navar e Edwina, pois assim anexava os reinos de Zantar, as Terras Roxas e Lanka, que muito embora fossem reinados pequenos, lhe dariam o domínio da totalidade de Ruta.

— Perdão, Majestade, por insistir nesse assunto — começou Kordam sua entrevista com o rei Ravana —, mas se assim faço é visando os altos interesses do reinado.

— Prossiga, Kordam — e o rei pareceu não se alterar com o tom solene do ministro.

— Em minha humilde opinião, senhor, acredito que essa aliança é extremamente vantajosa para o reinado.

— Vantajosa em que sentido?

— Como Vossa Majestade não ignora, Lanka ficou reduzida em extensão territorial, o mesmo acontecendo com as Terras Roxas.

— E o que tem isso de tão importante? — retrucou Ravana, interrompendo seu conselheiro.

— Os dois reinados unidos aumentariam seu território, sua importância política e as práticas mágicas.

— Acredito, mas por outro lado, bem sabes que não compartilho os ideais desse Thevetat, e sempre combati com todas as minhas forças essas hordas negras que querem dominar toda Aztlan.

— Uma união matrimonial, senhor, não significa que Vossa Majestade irá comungar com as idéias dessas seitas.

— Mas a princesa Edwina pertence à raça negra do falecido rei Zagreu, diferente da nossa, e ainda por cima pratica as artes mágicas negras.

— Mas existe uma atenuante, senhor: ela ama seu filho Navar.

— E que pode ter o amor com política?

— Tudo, Majestade.

— Como tudo, Kordam? Não entendo aonde queres chegar!

— O príncipe Navar é adepto das artes negras?

— Não que eu saiba!

— E então, senhor! É muito provável que, como o príncipe não adota essas idéias reprováveis, a princesa, que o ama tanto, abandone definitivamente o lado negro da doutrina.

— Acho muito pouco possível.

— Mas, senhor...

— O interesse maior é a dominação, e acredito que caindo a última barreira que ainda impedia esse Thevetat, toda a ilha de Ruta ficará inevitavelmente em seu poder. Não tenho a menor dúvida.

— Mas o senhor ainda seria, apesar desta aliança, que qualifica de política, o soberano comandante de Lanka.

— Por quanto tempo, Kordam?

— Não creio que o imperador Thevetat tome qualquer atitude bélica contra seu reinado se o senhor aceitar essa união matrimonial.

Erg - O Décimo Planeta

189

— Tens tanta certeza?

— Tenho! Somente se Vossa Majestade não aceitar suas condições é que poderemos esperar uma ação intervencionista.

— O que me aconselhas?

— Aceitai esta união; inclusive evitaria uma guerra, que não temos condições de sustentar.

— Acreditas que ele chegaria a tanto?

— Até a muito mais. Thevetat não suporta ser contrariado.

— Manda chamar meu filho — disse Ravana, depois de alguns instantes de silêncio. — Que seja feita a vontade dos deuses imortais — e dando um suspiro de resignação ou ódio reprimido, despediu seu conselheiro com um gesto de mão.

❀ ❀ ❀

Ynará, ou melhor, Thessá, foi acordando aos poucos num ambiente totalmente enevoado. Devagar, enquanto despertava completamente, foi-se delineando um ambiente claro, colorido, uma brisa fresca soprava, ondulando levemente as folhagens do arvoredo.

— Pai! Paizinho! Onde estou? — e procurou segurar as mãos de Hylion, que subitamente surgiu a sua frente; mas sua mão atravessou o vazio. Uma expressão de estupor desenhou-se no rosto de Thessá, que sem nada compreender, ficou olhando aturdida para seu pai.

— Sossega, filha. Não te perturbes, nem fiques aflita. Estás junto de teu pai Hylion, que jamais te abandonou. Eu projetei Colope até onde te encontras. Por acaso esqueceste de que podemos estar em dois lugares ao mesmo tempo?

— Não, pai, ainda recordo muito bem tudo o que perdi, por teimosia orgulhosa, acreditando que podia resolver todos os problemas do mundo. Agora, sei o quanto fui obstinada e inconseqüente. Não ouvi teus conselhos e tuas sábias palavras, e ainda por cima arrastei meu querido Albiom numa aventura absurda. Onde está Albiom, pai? Está bem? — ansiosa, perguntou.

— Ele está muito bem. Logo irás encontrá-lo.

— Tive tanto medo de o perder para sempre! Não posso

me perdoar por esses atos inconseqüentes, e ainda por cima por ter falhado completamente em tudo aquilo que me propus fazer.

— Mas não falhaste completamente, filha.

— Como não falhei?

— Presta atenção, filha de minha alma. É evidente que se tivesses ido comigo para Colope, tua ação seria muito mais positiva. Poderias ajudar toda a humanidade. Porém, nem tudo foi perdido, pois mesmo de maneira inconsciente realizaste uma pequena parte do teu trabalho.

— Ainda não entendo onde... — mas foi interrompida por Hylion.

— Mesmo aqueles que acreditamos que só vivem para o mal, possuem algo de bom no seu interior. Não existe em todo o Cosmo ninguém inteiramente mau. Assim, filha, despertaste uma pequenina fagulha do bem no interior daquele infeliz mago das sombras. Fizeste nascer o primeiro sentimento de amor em quem nunca possuiu um mínimo de sensibilidade. Embora fosse um amor ainda totalmente calcado na sensualidade, na pura materialidade, já foi um princípio. Essa pequenina fagulha poderá no futuro se tornar uma fogueira; com o evoluir desse sentimento, pouco a pouco será liberto das amarras que o aprisionam na maldade. As labaredas do incipiente amor queimarão o que restar do bruto, do animal, que se transformará completamente. Esse fato, minha filha, quem sabe não é o início da caminhada em direção à luz desse infeliz mago?

— Tenho tanto medo de encontrá-lo! — e Thessá passou a mão no pescoço, no local onde fora ferida.

— Não irás encontrá-lo filha; ele está, no momento, nos subplanos inferiores. Em compensação aqui estão teus amigos queridos — e Hylion indicou com um gesto Zukov e Agazyr, que sorridentes já se postavam ao seu lado, cada um lhe dando um amoroso abraço.

— Minha querida Thessá, minha amada filha, como é bom ver que estás bem! — Zukov, os olhos marejados de lágrimas, alisou com todo o carinho os cabelos da moça.

Agazyr, por natureza mais sisudo, abriu um largo sorriso, e fazendo um afago no queixo de Thessá, disse quase aos arrancos:

— É muito contente que te vejo junto de nós! — e beijou a mão da jovem.

Thessá, não se cansava de sorrir, fitando com ternura seu querido pai e seus amigos, mas Hylion, dotado de extrema percepção, adivinhou o que se passava no íntimo da filha.

— Falta alguém, não é, Thessá? Mas olha! Ele está chegando! — e apontou para Albiom que aparecera do nada, correndo em direção a Thessá, para estreitá-la nos braços.

A reunião estava completa, ou quase; faltava Habacab, aquele que fora seu pai, e se tornara para ela muito querido; novamente Hylion sossegou seu coração.

— Aquele que foi teu pai está muito bem, e na sua saudade estás sempre bem perto dele.

As efusões de felicidade continuavam. Todos estavam alegres, observados por Hylion, que com um olhar tristonho acompanhava todos os gestos de sua querida filha. O grande dirigente planetário sabia em cada detalhe o que estava para acontecer no futuro. Tinha plena consciência de que aquele era um momento transitório, como toda a vida objetiva. Embora já tivesse atingido uma evolução inimaginável para nós, sentia tristeza ao ver Thessá tendo que começar de novo sua caminhada na espinhosa estrada evolutiva.

— Pai, leva-me com Albiom para Colope contigo! — pediu ela quase suplicante.

— Mas filha, Colope é aqui! Tu nunca estiveste longe!

— É verdade — disse Zukov —, sempre estivemos todos juntos, Thessá, e assim continuaremos pelos séculos afora.

— Tu, filha da minha alma, é que estás distante do teu pai e de Colope. Eu sempre estive contigo, jamais deixamos de estar unidos.

Esse diálogo ocorreu em uma dimensão da consciência ainda incompreensível para nós. O plano em que se verificavam esses acontecimentos era o *habitat* de Hylion, Zukov e Agazyr, estando Thessá e Albiom desencarnados, atuando em corpo astral.

É interessante recordar que os mundos etéricos, astrais e mentais concretos, para a raça erg, se reduziam a apenas um:

192   Roger Feraudy

seu incomensurável estágio de superconsciência cósmica.

✻ ✻ ✻

Nas mais baixas camadas do Umbral, um imponente castelo se destaca das feias construções inacabadas e dos grotões escuros, que exalam um odor fétido.

No seu interior luxuoso, cheio de móveis e tapeçarias riquíssimas, iluminado por lustres de cristal, em uma cadeira de espaldar alto, um homem vestido com uma bata roxa, que o cobre até os pés, imóvel, parece esperar alguém. É Shemnis, o grande mago.

A espera é curta. Logo adentra o salão outro homem, de elevada estatura, também coberto por uma bata roxa, e aproxima-se vagarosamente. É nosso velho conhecido Oduarpa.

37
Novas orientações

A princesa Edwina não cabia em si de felicidade. Era o dia de seu casamento com o príncipe Navar, herdeiro do rei de Lanka, Ravana. A cerimônia transcorreu normalmente, somente com um fato inusitado: quando Khentor, mago preceptor de Edwina, deu sua bênção final aos dois, apareceu do nada, ao lado do altar, a deusa Devagni, segurando uma taça de cristal, contendo no interior um líquido arroxeado.

— Cumpre o que determinei! — disse em sua voz melodiosa, mas incisiva. — Bebam todo o conteúdo; primeiro Navar, depois tu mesma.

Tão depressa como aparecera, Devagni sumiu no ar, para espanto de alguns convidados, principalmente do rei Ravana, que se encontrava ao lado do filho.

Edwina, bastante calma dirigiu-se ao seu amado carinhosamente:

— Bebe, meu amor! É desejo de minha madrinha, a deusa Devagni — e estendeu a taça para o príncipe, que sem a menor hesitação tomou seu conteúdo, sendo imitado pela princesa.

Erg - O Décimo Planeta

Uma transformação imediata se verificou no comportamento de Navar, que até então se mantivera calmo, parecendo quase ausente àquela cerimônia: num arrebatamento, tomou a princesa nos braços, beijando-a na boca com furor apaixonado. Depois, completamente fascinado, fitou os olhos Edwina, afagou de leve seu rosto e disse:

— Meu amor! Só agora vejo que não existe no mundo outra mulher tão bela, que eu ame tanto. Sem ti não posso mais viver!

A princesa, agora rainha, sorria extasiada, e abraçada ao príncipe, se retirou do salão de audiências.

Com esse consórcio, estava concretizado o plano do imperador Thevetat. Navar, subjugado ao fascínio de sua mulher, por efeito de magia, fazia tudo que fosse da vontade de Edwina. Ravana tornava-se totalmente dependente do imperador Thevetat, com seu reino reduzido, seu poder limitado. Sem forças para lutar, o outrora poderoso monarca, agora em sua velhice, via-se reduzido a um simples títere do senhor das artes negras, que com seus aliados dominava inteiramente toda a ilha de Ruta. Não podia mais contar com seu filho, Navar, estava cercado por cortesãos bajuladores. Fora abandonado pela classe nobre seu reino estava infiltrado por traidores, e os sacerdotes, que ainda detinham grande poder, praticavam abertamente a magia negra. O rei Ravana, após consultar seu velho amigo, o sacerdote Habacab, que havia se retirado da direção do templo, após a morte da filha, chegou à triste conclusão de que não adiantava mais lutar. Pouco a pouco, foi-se isolando de tudo e de todos, num desânimo inteiramente contrário à sua natureza. Isso, sem dúvida alguma, era reflexo da magia negativa. Esse estado foi piorando até ser encontrado morto em seus aposentos particulares por Kordam.

Não havia em toda Ruta poder algum contrário a Thevetat, que reinava absoluto na cidade das portas de ouro.

❄ ❄ ❄

— Estás feliz com tudo o que te aconteceu? — foi logo perguntando Shemnis, sem dar tempo para Oduarpa de sequer cumprimentá-lo.

O outro baixou a cabeça, conservando-se mudo, enquanto o senhor de toda a magia prosseguiu:

— Não foste suficientemente avisado? Mas vejo que de nada adiantou!

— Mestre, estava obedecendo aos ditames do meu coração — respondeu tímido Oduarpa.

— Teu coração! Pelo que sei, jamais tiveste um!

— Pela primeira vez na vida, mestre, estava amando — tentou justificar-se Oduarpa.

— Silêncio, insensato! Não me interrompas mais, escuta com atenção o que tenho para te dizer. Afirmo que é pela última vez! — Shemnis estava de fato bastante irritado. — Por acaso reparaste como estás enfraquecido, prisioneiro do mundo astral, totalmente isolado do mundo físico?

— Enfraquecido, eu? — retrucou de maneira um tanto insolente Oduarpa. — Notastes, vós que tudo que vês; meu exército enorme que me aguarda à porta de vosso castelo? — e deu um sorriso triunfal, petulante, encarando seu mestre.

— Exército! Chamas esse rebotalho de infelizes seres de exército?

Shemnis referia-se ao cortejo enorme de infelizes espíritos degradados, que pululam nos charcos e cavernas do Umbral. Sofredores cujos crimes e maldades do passado reduziram-nos ao estado de miséria moral; perdida toda e qualquer esperança, vagueiam pelos planos mais inferiores do mundo astral. Unem-se a qualquer um que lhes ofereça as mais baixas e torpes vibrações animalescas, que possam alimentar seus distorcidos anseios de uma existência sem qualquer futuro, chafurdando na lama da sobrevivência do dia-a-dia. Famélicos, maltrapilhos, deformados, cobertos de chagas purulentas, amedrontados, viam em Oduarpa a imagem do próprio Lúcifer, saído das profundezas do inferno para os dirigir, prepotente e opressor, capaz dos piores castigos à menor falta praticada.

— São os meus comandados — insistiu Oduarpa.

— Comandados que com um simples gesto posso desfazer em um segundo apenas — disse Shemnis, de forma zombeteira.

— O senhor não faria isso!

Erg - O Décimo Planeta

— Faria, se fosse para teu proveito.

— Como meu proveito?

Shemnis não respondeu. Ficou olhando seu antigo discípulo, e depois de algum tempo, perguntou:

— Não te interessa saber por que te fiz chegar até minha presença, mesmo contra tua vontade?

— Sim. Não consegui evitar o impulso de energia que me conduziu até aqui.

— Porque ainda me considero responsável por ti. Eu te iniciei nas artes mágicas das sombras. Eu te tomei como discípulo, em minha antiga confraria e guiei teus primeiros passos na difícil ciência da magia. Embora estejas desencarnado, ainda não retirei meu selo do poder de tua cabeça, tampouco tirei de tua ação minhas ordens e direito de trabalho; portanto continuas sendo de minha inteira responsabilidade.

— Quer dizer que me abandonas como meu mestre?

— Exatamente. O discípulo só desobedece seu mestre uma vez. Porém o motivo é outro, muito mais importante. Presta bastante atenção. Inicialmente, quero que me respondas a uma pergunta simples. Adianta lutar contra algo, quando de antemão temos certeza da derrota?

— Não entendo!

— Já vais entender. Depois de séculos de luta intensa, usando todas as armas possíveis contra a Fraternidade Branca, sem conseguir uma vitória completa, cheguei à conclusão, de que somente os loucos ou insensatos podem continuar uma luta que no final terá apenas um resultado: a derrota. Se sabemos que não podemos vencer os magos brancos, por que continuar nessa luta sem propósito? Por vingança? Vingança que não pode atingir seu objetivo, e que o próprio autor sabe que nunca acontecerá, é ação obtusa. Por outro lado, o fato de ainda não termos conseguido derrotar os senhores da luz nos leva a supor serem eles muito mais poderosos que nós. Entretanto não desistimos dessa posição obstinada, e ainda não nos arrependemos ou nos bandeamos para as hostes da luz. Isso mostra que somos muito ignorantes e teimosos, só nos cabe o epíteto de insanos. Por esses motivos, aceitei o convite dos mestres da sabedoria para colaborar em suas fileiras, e te aconselho a fazer o mesmo, enquanto ainda há tempo.

— Nunca! Não desistirei jamais de minha vingança! Não vou descansar enquanto não encontrar Ynará! Não importa quanto demore, tenho toda a eternidade, e ela finalmente será minha!

— Vingança que jamais irá atingir seu objetivo é pura insensatez. Quanto a Ynará, ou melhor, Thessá, nunca irás encontrá-la, porque acham-se em planos vibratoriamente diferentes. Raciocina, Oduarpa, vem comigo para a luz. Terias tudo a ganhar com essa decisão acertada.

— Nunca! Nunca! — repetiu o mago.

— Não posso te obrigar. No passado, faria isso com certeza. Agora posso apenas avisar, te aconselhar. Já que estás irredutível, em consideração a um antigo discípulo, desvendarei o que acontecerá em teu futuro. Daqui por diante terás inteira liberdade no mundo astral e nele irás atuar. Primeiramente vais te envolver com o imperador Thevetat, teu mais antigo discípulo e colaborador, e o levarás à ruína completa. Ele será expulso de Ruta, e por influência tua, irá para Itaoca, no Baratzil, onde será também derrotado, tendo que desencarnar. Irás te envolver com um mago menor e farás dele imperador de Itaoca, mas o final será desastroso. Omito os detalhes para teu próprio bem, mas posso te afiançar que somente após o acontecimento que será conhecido como "Queda do Império Romano" encontrarás paz, e começarás a te dirigir aos poucos para a luz. Nessa oportunidade estaremos juntos novamente. Não adianta lutar contra o inevitável, tampouco pensar que podes escolher o caminho que desejas. A Lei Maior, teu carma, te manterá nesse rumo por mim vaticinado. Que os grandes mestres galáticos, aos quais agora sirvo, tenham piedade de tua alma.

Shemnis, fazendo um sinal cabalístico, desapareceu com seu castelo em segundos, permaneceram no Umbral somente suas feias construções.

38
Uma visão do futuro

O tempo, como conhecemos no planeta Terra, passou quase despercebido por Albiom e Thessá. Alheios ao que ocorria no mundo físico, os dois se entregaram ao puro prazer de estar juntos. Zukov, que não perdia de vista seus entes queridos, despertou-os para a realidade exterior.

— Minha filha — disse, com seu eterno sorriso beatífico —, é chegado o momento de começarem a pensar em fazer alguma coisa. Não falo por mim, mas expresso, tenho absoluta certeza, a vontade de teu pai, o grande Hylion.

— O que faríamos, Zukov? — perguntou Thessá, abraçando com carinho o mago galático.

— Tu não te propuseste a realizar um trabalho assistencial ao povo terreno quando encarnada? Não foi esse o motivo que te levou a pedir e obter o consentimento de Hylion?

— Foi. Mas não entendo o que possa ter essa minha fracassada missão com tua proposta de fazermos alguma coisa. O que poderíamos fazer, meu bom amigo?

Albiom, que permanecera até então calado, opinou:

— Estive pensando seriamente, meu amor. Com a liberdade de que desfrutamos, creio que poderemos realizar quase tudo que desejarmos. É claro, dentro da Lei e sempre no sentido construtivo, não é exato, Zukov?

— Isso mesmo, meu filho. Proponho-me a auxiliá-los nesse trabalho.

— Poderia nos esclarecer melhor? — Thessá perguntou.

— É desejo de teu pai que parte do povo de Erg, já escolhido por suas ações, encarne nas mesmas épocas. Essa reunião de egos, espíritos familiares, como Hylion os denomina, é con-seqüência de um carma coletivo, que terá que ser modificado através dos tempos. Transformação de mau carma em bom carma. Para que tal aconteça, é necessário que essas encarnações gêmeas se reúnam, até que uma consciência coletiva desperte em todos.

Zukov, reparando no olhar de incompreensão dos dois, prosseguiu:

— Explico melhor. Em determinadas épocas, esses egos provenientes de Erg irão se reunir. De forma lenta, gradual, todos irão se reconhecendo como irmãos, oriundos de um mesmo local, e a consciência coletiva substituirá o carma coletivo. Quando isso acontecer, após a verticalização do eixo terráqueo, aquela parte do povo de Erg, novamente reunido e com plena consciência da sua importância cósmica, atuará em conjunto com os grandes seres de outras galáxias para conduzir os destinos da nova humanidade. Tu, Thessá, com Albiom, irás juntar os fios do emaranhado novelo das vidas que evoluirão.

— Mas é um trabalho gigantesco! Não sei se teremos condições de realizar uma missão dessa grandeza! — Thessá respirou fundo, visivelmente amedrontada.

— Terão sim! É uma oportunidade única de serviço, que transcende o particular e atua no geral. Trata-se de um trabalho universalista, ainda incompreendido na época presente, porque pertence somente ao futuro.

— Aceitamos essa missão com alegria e um pouco de temor em nossos corações — disse Albiom. — Acredito que Thessá seja da mesma opinião. Não é, meu amor?

— Disseste bem, com um pouco de temor. Mas aceitamos, Zukov. Já que são ordens do meu pai, desejamos cumprir da melhor maneira possível.

— Há outra coisa que precisam saber antes de começarem. Os dois, a cada encarnação, não se lembrarão das vidas pretéritas.

— Duas coisas ainda precisam ser esclarecidas. A primeira, é saber se nós dois encarnaremos sempre na mesma época.

— Sempre juntos.

— A segunda pergunta, Zukov, essa de grande importância para nós: de que maneira conduziremos esses egos todos para a finalidade principal de toda a missão: o despertar da consciência coletiva?

— Em cada vida, despertará em seu interior a melhor maneira de agir. Só isso estou autorizado a dizer — Zukov, deu por encerrado o assunto, deixando os dois mudos de perplexidade.

Fazia parte do projeto cósmico elaborado pelos dirigentes planetários, representados por Hylion, a reunião em épocas determinadas do povo de Erg, tendo como apoio Albiom e Thessá, referências inconscientes da realização dessa grande obra.

Coube a Zukov e Agazyr a seleção dos ergs que se en-

Erg - O Décimo Planeta

199

contravam em estado de vida suspensa, no mundo astral do planeta Vênus. Três milhões de ergs de arquétipo rosa foram encaminhados para o planeta Terra ao continente atlante, encarnando na terceira sub-raça, denominada tolteca. Foram selecionados também duzentos e cinqüenta ergs de arquétipo de coloração azul, para encarnar na região montanhosa de Ruta, na quinta sub-raça, os semitas originais. Esses ergs seriam os precursores da chamada "família espiritual". Para iniciar essa obra elaborada pelos dirigentes planetários, encarnaram como seus mentores e governadores, Agazyr e Zukov. Posteriormente vieram se juntar a esses ergs, encarnando como chefes da aldeia principal, Albiom e Thessá. Começava o trabalho para despertar a consciência coletiva.

Essa coletividade de ergs, na Atlântida, foi a primeira encarnação chamada gêmea, de egos com o mesmo adiantamento espiritual; mas como seres livres, obedecendo ao livre-arbítrio de cada um, criaram o primeiro carma coletivo, que iria se perpetuar pelos séculos afora. Quarenta e quatro ergs não aceitaram os ensinamentos dos seus mentores, e negaram-se a migrar para a região do rio Nilo. Esse magno acontecimento, de grande importância para as civilizações futuras, a criação do esplêndido Império Egípcio, ocorreu em 70.000 antes de Cristo.

A segunda reunião dessa família espiritual aconteceu em Ophir e Ibez, cidades localizadas no grande Império Paititi, no Baratzil (Brasil), no interior da Amazônia e no atual Mato Grosso. Seguiu-se um longo período sem encarnações coletivas, até que todos se reuniram novamente em uma colônia atlante, denominada Terra das Araras Vermelhas, na costa do atual estado do Espírito Santo, no Brasil.

Não foi ainda dessa vez que o grupo desses egos despertou em sua totalidade para a consciência coletiva, mesmo tendo Albiom encarnado como rei, para tentar outra vez transformar esse carma coletivo e unir todos esses ergs exilados, para encontrar sua pátria de origem. Após séculos de dispersão em encarnações isoladas, voltam os ergs a vestir a matéria na velha Grécia, quase conseguindo o que havia sido planejado. Mesmo

(*)

com o auxilio prestimoso do instrutor Phidias, encarnação de Agazyr, que os preparou para o primeiro contato com o mestre Pitágoras, que propiciou a todos os rudimentos dos conhecimentos esotéricos, essa família espiritual não conseguiu atingir aquilo a que estava destinada.

Os séculos se passaram; no auge do Império Romano, numa pequena cidade da Judéia, encarnam novamente os errantes nômades do Cosmo, a família espiritual de ergs. Não conseguiram mais uma vez atingir o objetivo idealizado por Hylion.

Nas cinco nações iroquesas, que do Canadá, onde viviam inicialmente, migraram para onde hoje se situa o território dos Estados Unidos, retornou mais uma vez um grande mestre, com o nome de Haiawata. Este conduziu essa nação pele-vermelha para uma união universalista, quase conseguindo atingir o despertar da consciência coletiva no povo de Erg.[12]

Na conturbada Revolução Francesa, reunem-se novamente as famílias espirituais. Outra vez falha o projeto dos dirigentes planetários. É preciso esclarecer bem que os planos dos dirigentes não falham, porque eles não intervêm diretamente nos destinos dos humanos. Aquilo que denominamos de falha, fica por conta do livre-arbítrio individual e coletivo.

Nesse período da história da humanidade, se fizermos um balanço do que ficou de positivo, podemos constatar que alguns ergs seguiram as instruções de um grande mestre da Confraria Branca, o conde de Saint Germain. Tornaram-se os precursores da consciência aquariana no planeta, modificando o velho modelo monárquico, e anunciaram para o mundo os anseios de liberdade, igualdade e fraternidade.

Quase que de imediato, novamente encarnam as famílias espirituais dos ergs, nos séculos vinte e vinte e um. Porém, ainda não é dessa vez que o ideal de Hylion irá se concretizar. A terra escolhida já preparada, era o enorme território brasileiro, porém os egos que precisavam se reunir dispersaram-se pelas mais diferentes regiões.

Vamos dar um salto para o futuro. Não iremos precisar uma data, porém podemos adiantar que se trata de uma épo-

---

12 Ver *Haiawata*, de Mariléa de Castro e Roger Feraudy, **EDITORA DO CONHECIMENTO**.

ca após a verticalização do eixo terráqueo. Voltam novamente dois grandes mestres, Pitágoras e Payê-Suman, da constelação de Sírius. Encarna aquele que outrora havia sido o rei Ay-Mhoré, que foi nos evos sem conta dos tempos Albiom, Uiran-Thaê, e também sua alma gêmea, aquela que foi Coylur, Nadja e Thessá.[13] Juntos a toda a família espiritual de ergs, esperam a chegada do sábio e magnânimo mestre Hylion e seus quarenta e dois discípulos amados.

39
A ocupação de Ruta

A rainha Edwina deixou seus aposentos e se encaminhou para a sala secreta onde mantinha o culto da deusa Devagni. Depois de seu casamento com o príncipe Navar, deixou o reino das Terras Roxas e sua capital quase em ruínas, e se instalou definitivamente em Lanka, com seu marido e o conselheiro Mobu.

Navar, outrora um homem imponente, bravo, destemido, era uma sombra desse passado. Quase sempre ausente, sem voz ativa, só tinha olhos para sua mulher, obedecendo cegamente o que ela determinava. Envolvido pela magia, que Edwina alimentava, pelas práticas com a deusa Devagni, Navar tornava-se a cada dia mais dependente da mulher, e aos poucos ia definhando, possuído por uma fraqueza enorme que o mantinha quase sempre no leito.

Naquele dia, Edwina, depois de dar suas ordens a Mobu, ao saber que o poder do imperador Thevetat aumentava de maneira perigosa para Lanka, mandou que seu conselheiro marcasse uma entrevista urgente com Kordam, que agora servia ao imperador.

Acendeu um círio votivo para a deusa e, de joelhos em frente ao pequeno altar, implorou:

— Ó magnífica deusa Devagni! Beneficiai-me com vossa presença, esclarecei minhas dúvidas. Poderosa e inigualável

---

13 Ver *Baratzil, a Terra das Estrelas* e *A Terra das Araras Vermelhas*, de Roger Feraudy, **EDITORA DO CONHECIMENTO**.

senhora do fogo, propiciai-me vosso saber, para que eu, vossa humilde serva, possa seguir vossas orientações! Mais uma vez imploro, Senhora, que me seja permitido ver vossa augusta face!

Em resposta à oração da rainha, o fogo do altar aumentou, crepitou produzindo um barulho estridente e afastou-se para os lados, abrindo um vazio no centro, onde se materializou a figura imponente da deusa Devagni.

— Que queres de mim, mortal? — disse a deusa na sua voz sonora.

— Vossa bênção, senhora! Mas rogo que esclareçais minhas dúvidas, ó Senhora dos poderes infinitos!

A deusa lançou seu olhar firme e amedrontador direto para os olhos de Edwina. Ficou calada alguns minutos, até que perguntou de novo:

— Que queres de mim, mortal?

— Que devo fazer, senhora, para manter meu reinado e meu marido Navar?

— Navar já é um homem morto.

— Morto?

— És a única culpada. Tua magia para prendê-lo a ti acabou apressando o fim de seus dias na matéria.

— Não há nada que eu possa fazer?

— Nada — foi a lacônica resposta.

— Como poderei que meu reino seja conquistado pelo imperador Thevetat?

— Podes apenas retardar essa conquista, pois esse fato é inevitável.

— Como devo proceder no momento?

— Deves anexar os dois reinados, ficando em Lanka e deixando Kordam administrando as Terras Roxas. Isso dará resultado por algum tempo. Enquanto Navar viver, Thevetat evitará conquistar Zantar e Lanka.

— Há possibilidade de eu manter vivo meu inútil marido? — Edwina, passado o primeiro encanto, agora desprezava Navar.

— É muito tarde para poder fazer algo em prol de sua vida.

— Mas posso tentar, senhora?

Erg - O Décimo Planeta

— Se assim quiseres! — e a deusa começou a desaparecer deixando Edwina sem saber o que fazer.

Uma semana depois da morte de Navar, o imperador Thevetat movimentou suas tropas. Em dois dias apenas, Lanka e Zantar caíram sob seu domínio. A rainha Edwina foi degolada pela espada do próprio Thevetat. Ruta inteira, agora, pertencia ao imperador negro da Atlântida.

❊ ❊ ❊

Oduarpa, acompanhado pela corte de infelizes, maltrapilhos e degredados espíritos decaídos, perambulava pelo baixo mundo astral, cometendo toda sorte de maldades, arbitrariedades. Cego de ódio, só queria vingança contra todos aqueles que o tinham colocado naquela situação, assim pensava; esquadrinhava cada grotão, cada refúgio escuro do plano à procura de mais asseclas para suas hostes.

Já conseguira juntar um número incalculável de infames obsessores e alguns artificiais, e começou então a buscar seus desafetos. Dirigiu-se primeiro ao Templo da Grande Serpente. Queria encontrar Habacab, para por seu intermédio localizar Ynará. Oduarpa ainda não desistira da sacerdotisa, que julgava ainda ser sua propriedade, seu amor, roubada por seus inimigos, principalmente o mago Kalami. Só em pensar nele teve uma explosão de ódio, que repercutiu por todo o Umbral, ocasionando uma onda de terror.

Habacab e sua mulher Dyolara saíram do templo e de Ruta, indo se refugiar em Daytia; passaram a atuar nos templos da luz, encontrando-se sob a proteção do governador, general Corona, imunes a qualquer ação de Oduarpa.

Abandonando seus abjetos seguidores, sozinho, seguido de perto por Otamede, que tornara seu discípulo, Oduarpa dirigiu-se para a região Sul de Ruta, onde o mago das sombras, Sishem, dirigia seis templos da luz negra.

Usando de toda sua autoridade, não foi difícil para Oduarpa exercer seu comando, e dali seguiram os três para a região Norte, onde oficiava dois grandes templos, Odudua, principal discípulo de Thevetat. Novamente, Oduarpa foi apoiado por Sishem, que convenceu o mago negro da supremacia daquele que fora sempre seu mestre, e que no plano terrestre ou no astral, era o discípulo dileto do maior dos magos, Shemnis.

Seguido por Sishem, Odudua e Otamede, que respeitosamente os acompanhava mais atrás, Oduarpa, criando um corpo de matéria, adentrou o palácio do imperador Thevetat, que pego de surpresa, não teve tempo de esboçar qualquer reação.

— Vejo que estás bem instalado e de posse de toda a ilha de Ruta. Meus parabéns! Foi um trabalho louvável — disse Oduarpa sarcástico.

Thevetat olhou em torno. Encarou primeiro Sishem, depois Odudua, e finalmente pousou seu olhar ligeiramente estrábico em Oduarpa. Este, com um sorriso sinistro, fez um gesto na direção do imperador, que pareceu imobilizá-lo.

— Querias dizer exatamente o quê?

— Nada — e subserviente, saudou: — Salve, grande mestre Oduarpa!

Aconteceu depois tudo aquilo que Oduarpa esperava. Imediatamente tomou posse do comando, e agradecendo o prestimoso apoio dos dois magos, se despediu, entregando Otamede aos cuidados de Odudua, a fim de que ele o instruísse em todas as artes mágicas. Quando se viu a sós com Thevetat, Oduarpa o avisou do tremendo perigo que pairava sobre a cidade das portas de ouro.

— Sei que o general Corona prepara uma invasão para conquistar Ramakapura, a cidade das portas de ouro, mas será vencido por nossas tropas.

— Em tua premonição o que mais podes me dizer?

— Haverá uma segunda invasão. Esta será definitiva, e Ramakapura cairá em poder do nosso inimigo. Seria aconselhável transferir nosso império para Itaoca, a cidade das pedras, nas costas do Baratzil.

Oduarpa acreditava que, uma vez Itaoca dominada, poderia outra vez encontrar seu inimigo Kalami.

— Qual a vantagem de irmos para Itaoca?

— Seria uma maneira de sobrevivermos à invasão de Ruta e construirmos nosso império nessas novas terras. Além disso, já tenho lá poderosos aliados trabalhando para a implantação de nosso governo.

— Podemos fazer um planejamento meticuloso. Se realmente perdermos, então...

Foi interrompido bruscamente por Oduarpa, que com orgulho, voz alterada, retrucou:

— Duvidas das minhas predições? Estou absolutamente certo de que tudo o que relatei é a mais pura verdade.

Thevetat se encolheu no trono. Covarde, sentia muito medo de Oduarpa. Este, ante essa atitude subserviente, se acalmou e prosseguiu:

— Acho que devemos discutir, consultando os outros magos, sobre a estratégia que iremos adotar.

Thevetat aprovou com um gesto. Iria, daí por diante, concordar com tudo que fosse proposto pelo mago Oduarpa.

40
A caminho da luz

Thessá, de braços dados com Albiom, lamentava:

— Viste quantas encarnações perdidas?

— Não foram perdidas, meu amor. Não conseguimos realizar o que queríamos, ou melhor, o que foi determinado por teu pai, porque ainda não encarnaram todos juntos nessas vidas.

— E quando isso deve acontecer?

— Não sei, só posso afirmar que os dirigentes planetários trabalham a longo prazo, não têm tanta pressa como tu — disse rindo, Albiom. — Logo, logo, haverá uma encarnação de famílias espirituais e, reunidas numa só época. Poderemos então, com nossa pequena ajuda, despertar a consciência coletiva em todo esse grupo de espíritos, nossos irmãos de Erg.

— Será que na próxima vida conseguiremos?

— Referes-te à encarnação em uma colônia atlante?

— Exatamente! Ah, meu amor, como queria ver isso tudo terminado!

— Esse também é o meu desejo, mas nos ensinaram que a paciência é uma das grandes virtudes necessitarias para encontrar o estreito caminho que conduz à libertação. Então, minha querida, vamos silenciar e esperar com muita fé e esperança o que advirá. Se ainda não conseguimos, é porque ainda não merecemos. Vamos fazer por merecer — disse Albiom, abraçando Thessá com carinho.

Essas duas almas gêmeas deviam esperar ainda vários séculos para poder realizar o resgate de um carma coletivo que se perpetuava por evos sem conta.

❀ ❀ ❀

Shemnis ouviu calado, de cabeça baixa em sinal de respeito e submissão, as instruções que lhe estavam sendo ministradas no mundo astral superior, por um adiantado adepto da Confraria Branca.

O mago Semnis há algum tempo havia se bandeado para o lado da luz, e agora colaborava com os magos brancos. Como detentor de enormes conhecimentos, era uma importante peça no conjunto dos seres das várias constelações interessados na evolução do planeta azul, sobretudo o povo de Erg e seu mestre Hylion.

Na Terra, conforme o vaticínio de Oduarpa, o general Corona invadira Ruta e tomou posse da cidade das portas de ouro, Ramakapura. Thevetat fugira com alguns adeptos numa vimana para Itaoca, que com facilidade caiu em seu poder, depois de um verdadeiro banho de sangue. Porém durou pouco seu reinado. Oduarpa, unindo-se a um general local de sua confiança, o induziu a assassinar, depois de uma revolta armada, o tirano Thevetat, tendo como cúmplice Ozambebe, um feiticeiro, seu antigo servidor, que foi elevado ao trono.

Esse reinado também foi muito curto, por causa dos desmandos desse feiticeiro. Esse mago menor, Ozambebe ou Amatac, ao desencarnar, foi encaminhado após séculos de intensos sofrimentos, para os mentores, denominados "auxiliares invisíveis", que cuidaram de sua alma conturbada, equilibraram seus corpos espirituais e energizaram seus chacras, a fim de que pudesse ser instruído por um adepto, para posteriormente, por livre vontade, ingressar nas falanges da luz.

Finalmente, na idade moderna, ao final do século XIX,

essa mesma entidade pôde vir trabalhar junto ao plano físico, apresentando-se como um índio brasileiro, de nome caboclo Curugussu, em uma missão voluntária de amor. Vinha preparar o caminho para a posterior chegada de uma entidade do planeta Vênus, que fundaria uma religião de massa, baseada no rito milenar dos magos brancos da Atlântida, cujo principal escopo seria a caridade para com os menos favorecidos.

O caminho de Oduarpa foi bem mais tortuoso. Suas faltas eram maiores, e sua conversão ao lado da luz precisava ser feita com cautela, sem pressa, e com doses enormes de amor, compreensão e desvelo. Shemnis, o novo mago branco, foi indicado por seus superiores, e aceitou de muito bom grado essa empreitada, que sabia de antemão ser das mais difíceis. Em sua primeira incursão pelos subplanos inferiores do Astral, encontrou Oduarpa destilando sua cólera por causa dos últimos insucessos.

— Salve, Oduarpa! Por que emitir tantas vibrações de rancor?

O mago negro encarou seu antigo mestre sem cumprimentá-lo. Resmungou apenas algumas palavras ininteligíveis, e procurou sair da presença de Shemnis.

— Eu vim ao teu encontro em missão de paz — insistiu Shemnis.

— Quem precisa de paz? — perguntou irritado Oduarpa.

— Tu, meu amigo. Eu sei.

— O que sabes sobre mim?

— Tudo! Esqueces de que eu te iniciei nas artes da magia?

— Não! Por essa razão vou utilizar, esses conhecimentos em meu proveito.

— Pensa um pouco, Oduarpa, reflete, pois esse conhecimento é uma arma de dois gumes, podendo voltar-se contra ti mesmo.

— Sei perfeitamente o que faço!

— Não sabes, não! Estás cego pelo ódio, com tua razão e embotada pela idéia fixa de vingança.

— E existe coisa mais doce que a vingança?

— Existe sim, Oduarpa. O amor!

— Não creio no amor.

— E Ynará? Não era amor o que sentias por ela?

Esta pergunta de Shemnis provocou um pequeno abalo.

— Bem! Isso é diferente — disse Oduarpa, depois de algum tempo de silêncio.

— Diferente por quê?

— Se queres saber — disse com raiva —, eu a amava e a queria para mim.

— Então não era amor, era apenas desejo, posse.

— Era amor! — afirmou Oduarpa, elevando a voz.

— Mais um motivo para te dizer que amar é perdoar.

— Jamais vou perdoar meus inimigos.

— Imagina por um momento apenas. Se fosse possível teres o amor de Ynará, perdoarias teus inimigos?

— Perdoaria — respondeu Oduarpa, sem vacilar.

— Então, teu maior desejo é o amor de Ynará?

— É meu maior desejo.

— Pensa com calma, reflete bem sobre esse assunto e responde. De uma vez por todas, abdicas de tua vingança, perdoas teus inimigos e passas a desejar encontrar de novo Ynará?

Oduarpa ficou calado por longo tempo. Quando se dirigiu a Shemnis foi para dizer, voz baixa, quase balbuciante:

— Para ter o amor de Ynará, que é meu maior e único desejo, abandono meus planos de vingança, e passo a viver em função da esperança de vê-la outra vez.

— Muito bem, espero que cumpras o que estás prometendo.

— Mestre Shemnis, poderia me dar essa felicidade? — perguntou Oduarpa, mudando o tratamento de quase desprezo para uma postura respeitosa.

— Sabes muito bem que isso não depende de mim.

— Depende de quem? Diga, eu imploro — Oduarpa, agora humilde, súplice, esperou ansioso uma resposta.

— De ti mesmo.

— De mim?

— Pensa bastante nisso tudo. Esvazia tua mente de todo rancor, abandona todos os teus planos de prejudicar quem quer que seja. Pensa apenas no amor que sentes por uma mulher, tua amada. Eu voltarei, prometo. — Shemnis, como aparecera, desapareceu em segundos.

Erg - O Décimo Planeta

Séculos transcorreram, mas para o mago negro pareceram alguns dias. Interessado agora apenas em Ynará, deixou a seu discípulo mais adiantado, Otamede, todos os deveres e atribuições junto aos templos da luz negra no mundo astral e no físico. Sentindo-se livre para explorar todos os subplanos, inclusive as várias regiões do plano denso, Oduarpa dirigiu suas vibrações para uma colônia da Atlântida, conhecida como Terra das Araras Vermelhas.

Seus corpos espirituais foram invadidos por grande emoção, pois teve seu primeiro vislumbre, após evos sem conta, daquela que era agora a razão de sua existência. Ynará, encarnada como Nadja, a suprema sacerdotisa do Templo do Vento, estava ali ao seu lado, embora não pudesse ter qualquer contato com ela. Para Oduarpa, somente poder vê-la já era motivo de júbilo, um bálsamo para seu espírito. Sentiu, por meio de sua enorme intuição, que Ynará tinha a alma repleta de amor pelo rei daquela colônia atlante, Ay-Mhoré. Inexplicavelmente, não sentiu ódio, mas pela primeira vez uma profunda tristeza o invadiu.

Que sentimento era esse que jamais experimentara? Em questão de segundos, retornou ao mundo astral, e outra vez os séculos passaram despercebidos para Oduarpa.

— É bom te ver novamente — disse Shemnis, com um sorriso de satisfação. — Tua aura está mais clara, luminosa. Isso é bom! É progresso espiritual, meu filho.

— Salve, mestre! — disse, não parecendo surpreso com a aparição súbita do mago branco.

— O que sentiste, diz-me, quando conseguiste ver teu amor?

— Um estado de alma que nunca antes havia experimentado.

— Felicidade?

— Não sei ao certo, talvez amor. Não sei dizer...

— Tiveste algum sentimento de ódio, quando soubeste que Ynará amava seu companheiro de inúmeras vidas?

— Não. Fui invadido por um sentimento novo para mim. Tristeza.

Shemnis permaneceu calado, estudando por meio de sua clarividência as transformações ocorridas na aura de Oduarpa.

Deu por encerrada essa nova entrevista e deixou o mago negro entregue aos seus próprios pensamentos.

Somente no período histórico conhecido como Império Romano, o mago branco, aproveitando as vibrações benéficas que começavam a atuar no planeta azul com a vinda do grande mestre Jesus, teve um novo encontro com Oduarpa. Esperava que aquelas vibrações benéficas que haviam invadido o planeta o ajudassem na conversão de Oduarpa.

— Quanta coisa aconteceu, meu filho! Vejo que fizeste grandes progressos!

— É verdade, acho que fiz realmente.

— Verifiquei que além do sentimento de tristeza, um outro te marcou de forma profunda.

— Acredito que sim.

— Tiveste o primeiro sinal, o primeiro impulso do altruísmo dentro do teu coração.

— Que sentimento é esse, mestre Shemnis?

— Aquele em que o mais importante é a felicidade da pessoa amada. Se Ynará é feliz amando o seu rei, e aceitaste isso, deste um grande passo na direção de tua evolução espiritual. Deixaste de lado teu egoísmo, e passaste a desejar que teu amor tivesse toda a felicidade. Isso é altamente louvável — disse Shemnis, se despedindo.

Oduarpa vagou alguns séculos pelo mundo astral. Estava dividido entre a luz e as trevas, desejando acima de tudo libertar-se das sombras negras que ainda algumas vezes o perseguiam. Parecia então retroceder, vivendo de novo horas de intenso sofrimento, pois ódio e amor se misturavam, numa confusão que não conseguia administrar.

Nessa ocasião, veio até sua presença Thevetat, que também se encontrava desencarnado no mundo astral, cobrando sua liderança nos trabalhos da magia negra. Indiferente, Oduarpa o despachou de forma sumária, afirmando que não estava nem um pouco interessado na Confraria das Sombras e que ele tentasse uma entrevista com Otamede, que era o dirigente de todos os templos da luz negra.

O tempo, essa barreira do antes e depois, que para nós todos é um empecilho, não existia para Oduarpa. Imbuído de

Erg - O Décimo Planeta

211

sentimentos para ele ainda estranhos, caminhou pelos séculos afora à procura de algo impreciso, ainda muito vago para sua atual realidade.

Os vínculos de simpatia, os laços invisíveis que unem individualidades ou coletividades inteiras se fizeram sentir, tocando as fímbrias mais recônditas da alma de Oduarpa. Sentiu-se atraído para junto de dois espiritualistas ecléticos, almas que eram velhas conhecidas da sua. Logrando comunicar-se pela mediunidade, foi recebido com todo o carinho e fraternidade, sendo convidado com paciência e amor a vir para o lado da luz, onde seria recebido com muita alegria. Aproveitando-se dos laços de afinidade entre aquelas almas, os mestres irradiaram para o antigo mago uma vibração de intenso amor. Aquele diálogo deu o resultado esperado com tanta ansiedade. Uma verdadeira explosão sacudiu aquele espírito velho, mas que nunca sentira no fundo do ser essa maravilhosa dádiva de afeto desinteressado.

Oduarpa notou que tudo estava diferente, mais claro, menos enevoado. Achava-se no Astral superior. Foi um novo nascimento. Uma luz brilhante, de um branco imaculado, o envolveu por inteiro. Campainhas vibraram no éter em sons cristalinos, e uma figura majestosa materializou-se em sua frente.

— Eu te perdôo por tudo, meu irmão, e te dou minha bênção — fazendo um sinal cabalístico, Kalami abraçou com ternura o corpo espiritual de Oduarpa.

O mago prosternou-se aos pés daquele irmão de luz e com voz súplice, rogou:

— Mestre, gostaria de merecer a graça de não ser mais conhecido por meu antigo nome. De hoje em diante, se for permitido, queria ser chamado de Levin, o pária.

— Que assim seja, porque assim será — respondeu Kalami, e diminuindo sua luz, foi desaparecendo lentamente.

41
Desvendando o véu dos tempos

O ano é 2035. Durante os dez anos que precederam esse

período, o planeta Terra sofreu inúmeras modificações. Transformações geográficas, climáticas, cosmográficas, sismológicas e biológicas. O efeito estufa aumentou; mesmo denunciado por alguns países, não foi tomada qualquer providência pelos governantes. Indiferente, a humanidade continuou poluindo sua moradia terrestre. Mutações mais surpreendentes ocorreram, por causa da quebra do equilíbrio ecológico.

Furacões periódicos varreram os continentes de costa a costa, vulcões entraram em atividade quase ao mesmo tempo; maremotos com ondas de mais de doze metros de altura fustigavam algumas regiões; terremotos sacudiram o planeta, abrindo rachaduras enormes no solo, tragando em suas entranhas áreas inteiras; um degelo parcial dos pólos modificou lentamente a fisionomia geográfica de toda a Terra.

Ventos com mais de duzentos quilômetros por hora varreram de norte a sul o globo terráqueo, destruindo junto com tufões e tornados o que encontravam pela frente, e desolação e miséria foram constantes nesses anos assustadores.

Com esses trágicos acontecimentos, houve um desencarne em massa das populações enlouquecidas, correndo desorientadas, sem destino certo, famintas. Ocorreram saques, lutas fratricidas por alimentos, catástrofes provocadas pela fúria da natureza, que indiferente aos clamores dos religiosos e à impotência dos cientistas, prosseguia destruindo coletividades inteiras.

Além disso, guerras eclodiram entre as grandes nações, ceifando incontáveis vidas; as terras devastadas e áridas pelas explosões nucleares também "morreram"; nada mais nascia.

Nesses quase dez anos de intensos sofrimentos, os habitantes dos sítios mais altos tiveram o mesmo destino dos domiciliados nas planícies. As febres e as doenças grassaram, apareceram novos vírus e bactérias que dizimaram, sem qualquer defesa para os humanos, grandes comunidades.

Afora as enfermidades, experiências genéticas que produziram mutações no reino animal, criando monstruosas criaturas; o uso indiscriminado de agrotóxicos envenenou o reino vegetal; a escassez de água potável completou a devastação em todo o planeta. O homem, afinal, estava conseguindo seu intento: destruir o planeta que o abrigava há evos sem conta.

Erg - O Décimo Planeta

No ano 2034, o eixo terráqueo sofreu o primeiro tremor, logo secundado, de forma abrupta, por sua verticalização. Continentes inteiros desapareceram, outros que há muito dormiam no fundo dos mares surgiram, e as regiões polares voltaram a ter clima temperado.

Emergiu do fundo do oceano a Atlântida, enquanto o deserto de Gobi tornou-se novamente um mar interno, surgindo dele a Ilha Branca com sua imponente ponte, que a ligava ao continente, a multimilenar Cidade da Ponte. O mesmo ocorreu com o deserto do Saara, que voltou a ser um mar que se estende da Arábia Saudita ao sul da Líbia, cobrindo todo o Egito, que em épocas imemoriais já havia sido inundado. Extensas áreas desapareceram e outras surgiram das entranhas da terra e do fundo dos mares.

Uma chuva ácida caiu em quase toda a superfície do planeta provocando mais mortes, não só dos seres humanos, mas também destruindo boa parte do reino animal e vegetal.

Nesse mesmo ano um misterioso planeta, denominado de intercatenário, porque se localizava entre duas cadeias de evolução, até essa data invisível para os habitantes terrenos, apareceu no escuro céu. Esse astro encontrava-se na aurora da civilização, como se fosse a época pré-histórica terrestre. Há alguns anos, tinham sido paulatinamente expurgados para esse planeta os egos que tiveram uma última oportunidade de encarnação na Terra. Grande parte daqueles que desencarnaram atingidos pelas catástrofes seguiram degredados para esse globo.

As regiões centrais do Brasil, nos estados de Mato Grosso e Goiás, que se conservaram incólumes ante esses cataclismos, abrigariam no futuro os nativos de Erg, as "famílias espirituais" que, reunidas sob a direção de Albiom e Thessá, conseguiriam finalmente despertar para a consciência coletiva. Todos esses egos, que acabavam de vagar por múltiplas encarnações em infindáveis séculos, iriam se reunir mais uma vez em uma vida na matéria, agora com pleno conhecimento do papel que representariam na escala evolutiva.

Durante três dias, após esses terríveis acontecimentos que por dez anos devastaram o planeta, houve uma relativa tranqüilidade, seguida de total escuridão. Um profundo e estranho silêncio se fez, como se todas as forças da natureza se aquietassem de repente. Logo o céu cor de chumbo foi clareando aos poucos, e nosso satélite, até então ausente do firmamento, apareceu, exibindo uma coloração sanguínea, vermelho-escura.

Ibez, a cidade sagrada, intermediária para Shambala, que se encontrava no plano etérico, na região do Brasil central, torna-se visível para os eleitos de Erg. Nessa hora, todas as regiões do planeta ainda imunes às calamidades, receberam a mesma mensagem, que de forma misteriosa chegou por todos os canais de comunicação a todo o mundo. Interrompendo as transmissões regulares, entrou no ar um programa alienígena com imagens da colonização do planeta Terra, realizado por essas humanidades do espaço, desde o nascimento de nosso Sistema Solar. Ao final da transmissão, apareceu nas telas dos televisores e nas estações de rádio uma mensagem em diversos idiomas: "Somos vossos irmãos das estrelas. Não há motivo para pânico, viemos em missão de paz. Por várias épocas estivemos em contato direto com alguns grupos da civilização terrena, e agora estamos retornando". Após essa mensagem, vários UFOS pousaram nos países que haviam escapado dessa hecatombe mundial.

Esses seres, oriundos das constelações das Plêiades, Orion e Sírius, de altíssima evolução espiritual, foram os responsáveis pela construção de nosso Sistema Solar, há muitos milhões de anos, contados em tempo terrestre. Quando todos os planetas começaram a orbitar em torno do Sol, em várias épocas essas humanidades superiores estiveram no planeta Terra, ora modificando nosso DNA, outras vezes doando seus genes, por meio de uniões com os seres humanos, a fim de auxiliar nossa evolução físico-espiritual, e o progresso das primitivas civilizações existentes.

Na cidade materializada de Ibez, os ergs que estavam encarnados, reunidos na praça central, aguardavam ansiosos. O céu, há anos cinzento, sem brilho, mudou de cor, tornando-se azul claro, cintilante. Uma vibração sonora ecoou, acompanhada por campainhas melodiosas, e uma vimana de proporções enormes apareceu, descendo lentamente em direção ao centro da praça circular.

Uma figura magnífica surgiu no portal da vimana. Hylion,

Erg - O Décimo Planeta

banhado de luz, dirigiu-se aos ergs, que tinham à frente Albiom e Thessá. Todo o seu corpo parecia feito de cristal luminoso, seus olhos claros emitiam suaves clarões coloridos, e de seu peito saíam acordes harmoniosos de sons. Um odor de rosas invadiu toda a praça, e quando começou a falar de forma pausada, ladeado por Zukov e Agazyr, Hylion exprimiu-se como em música de sublime elevação.

— Meus amados filhos de Erg! A missão de todos está começando agora. Durante esses quarenta anos que advirão, toda a "família espiritual" de Erg estará encarnada neste planalto central do Baratzil. Serão necessários dez anos para a natureza se restabelecer. Aqui como em toda a Terra, o clima então tornar-se-á mais ameno e o solo virgem poderá ser cultivado pelos sobreviventes.

Assim como há milhares de milhões de séculos nós, os filhos de Erg, semeamos todo o Sistema Solar, inclusive este planeta, a missão futura de todos será explorar o Cosmo, e outros sistemas solares. Irão aprender a abandonar seus corpos de carne e atuar em seus veículos superiores. Chegado então, o momento das viagens além do espaço e do tempo, em dimensões maiores, para poder pesquisar esse Cosmo incomensurável, na realidade seu lar planetário. É o tempo de retorno ao seu planeta de origem, o Universo inteiro.

É hora de voltar às estrelas!!!

Fim

ERG - O DÉCIMO PLANETA
foi confeccionado em impressão digital, em março de 2023
Conhecimento Editorial Ltda
(19) 3451-5440 — conhecimento@edconhecimento.com.br
Impresso em Luxcream 80g – StoraEnso